John Man

Die Abenteuer der Entdecker

Mit über 100 farbigen Abbildungen,
Fotos, Schaubildern
und Zeichnungen

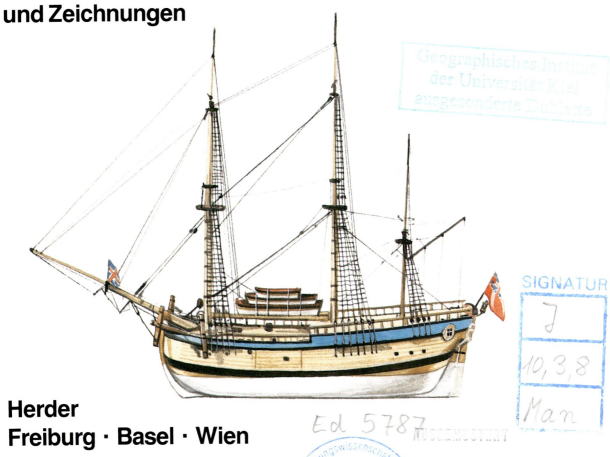

Herder
Freiburg · Basel · Wien

Die Originalausgabe dieses Buches erschien in Großbritannien bei Belitha Press Ltd. und in den USA bei Gareth Stevens Inc. unter dem Titel *Exploration and Discovery* als Band der Reihe *Information Library*.

Copyright der englischsprachigen Ausgabe:
© Belitha Press Ltd. and Gareth Stevens Inc. 1990

Redaktion der Reihe: Neil Champion, pädagogische Beratung: Dr. Alistair Ross, Gestaltung: Groom and Pickerill, Bildredaktion: Ann Usborne, Illustrationen: Nick Shewring (Garden Studios) und Eugene Fleury, Karten: Lovell Johns Ltd

Bildnachweis: Bryan und Cherry Alexander 25 unten; The Bodleian Library 24; Christian Bonington 59 oben; Bridgeman Art Library 21 oben; John Cleare/Mountain Camera 9, 13 oben, 32/33, 49 links, 51, 54 rechts, 55 Mitte; ET Archive 22, 23, 25 oben links und rechts, 50 rechts; Mary Evans Picture Library 53 unten, 54 links; Derek Fordham/Arctic Camera 57; Werner Forman Archive 15 unten; Giraudon 27; Susan Griggs/ Leon Schadeberg 6, Victor Englebert 41 oben, Robert Azzi 46, Anthony Howarth 47 oben; Sonia Halliday 6 unten; Robert Harding Picture Library 17, George Douglass Brewerton: Crossing the Rocky Mountains, in the collection of The Corcoran Gallery of Art, Gift of William Wilson Corcoran 29; Schloss Tegel, Berlin 37 oben, 44, 53 oben; Michael Holford 14 links, 18 rechts, 35 oben; Hulton Picture Company 21 unten, 30, 37 unten, 45 unten; Hutchison Library 31 oben, 41 unten, 43; MacDonald/Aldus Archive 39, 42, 45 oben; Magnum 32; Mansell Collection 33, 40, 50 links; Marion und Tony Morrison 34, 35 unten, 36, 38; National Maritime Museum 14 rechts; Oxford Scientific Films 13 unten, 19, 31 unten; Photo Library of Australia 49 oben; Popperfoto 47 unten; Rapho 5; Ronan Picture Library 18 links; Science Photo Library 58; Frank Spooner Pictures 59 Mitte; Charles Swithinbank 55 oben; Viking Museum, Oslo 10

Copyright der Illustrationen und Fotos dieser Ausgabe:
© Belitha Press Ltd. and Gareth Stevens Inc. 1990

Alle Rechte vorbehalten. Nachdruck und Verbreitung dieses Buches, auch auszugsweise, ist in jeglicher Form, ob mechanisch oder elektronisch, einschließlich Fotokopieren, Mikroverfilmung sowie Einspeicherung und Bearbeitung in elektronischen Systemen außerhalb des Urheberrechts ohne schriftliche Zustimmung der Verlage unzulässig.

Aus dem Englischen übersetzt von Christa Laufs

Einbandgestaltung unter Verwendung von Abbildungen der Originalausgabe

Copyright der deutschen Ausgabe:
© Verlag Herder Freiburg im Breisgau 1990
Satz: Franz X. Stückle, Ettenheim
Druck und Einband: MacLehose, Portsmouth
Printed in England
ISBN 3-451-21776-7

Inhalt

1. Forschungsmotive
Die ersten Forscher _____ 4

2. Die antike Welt
Die Geburtsstunde
der Erforschung der Welt _____ 6
Die Griechen _____ 8

3. Grenzüberschreitende Völker
Die Wikinger _____ 10
Die Erkundung des Ostens _____ 12
Rund um Afrika _____ 14
Kolumbus und die Neue Welt _____ 16
Rund um die Welt _____ 18

4. Die Erschließung des Pazifiks
Der Kontinent im Süden _____ 20
Kapitän Cook _____ 22

5. Quer durch die Neue Welt
Die Nordwestpassage _____ 24
Aufbruch nach Westen _____ 26
Flucht aus dem Osten _____ 28

6. Die wüsten Einöden Asiens
Quer durch Rußland _____ 30
Der Himalaja _____ 32
Die Sandwüsten Arabiens _____ 34

7. Südamerika
Die Suche nach El Dorado _____ 36
Ins Amazonasgebiet _____ 38
Die Naturforscher _____ 40

8. Ins Landesinnere Afrikas
Durch die Sahara _____ 42
Der Ursprung des Nils _____ 44
Missionare und Forscher _____ 46

9. Die Erschließung des Hinterlandes
Überwindung der großen
Scheidelinie _____ 48
Die Simpsonwüste _____ 50

10. Das äußerste Ende der Erde
Der Nordpol _____ 52
Der Südpol _____ 54
Das letzte unerforschte Gebiet _____ 56
Zu neuen Ufern _____ 58

Worterklärungen _____ 60
Stichwortverzeichnis _____ 62

1 Forschungsmotive

Die ersten Forscher

Diese Karte zeigt die Hauptrouten der frühen Völkerwanderungsbewegung (vor 100 000 – 10 000 Jahren). Wie zu ersehen ist, breiteten sie sich von den heutigen afrikanischen und südöstlichen asiatischen Tropen aus.

Was heißt Erforschung der Erde?

Der Forschungsdrang gehört zum Menschen, seit unsere Vorfahren vor über einer Million Jahren in den

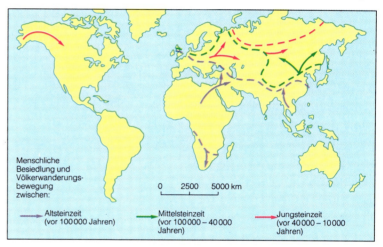

Tropen auftraten. Aber erst in jüngerer Zeit – in den letzten 2000 Jahren – war es möglich, weitentfernte Gebiete zu erforschen. Im Verlauf von einer halben Million Jahren zogen Menschen von den *Tropen* Afrikas und Südostasiens in die rauheren Länder Europas und Chinas. Am Ende der letzten *Eiszeit* (vor 11 000 Jahren) hatten sich auf allen Erdteilen Menschen angesiedelt, außer in der Antarktis. Man darf deshalb nicht glauben, daß Forscher unbekanntes Land „entdeckten". Die meisten Gebiete waren schon irgendwann von irgendwelchen Bewohnern in Besitz genommen worden.

Aber diese vorgeschichtlichen Menschen waren, streng genommen, keine Forscher. Sie zogen von Ort zu Ort auf der Suche nach geeigneten Lebensräumen und nicht unbedingt aus Forschungsdrang. Forscher sind anders. Es gibt viele Forschungsmotive: Siedlungsgebiete finden, Handel treiben, Raubzüge machen, Erfahrungen sammeln, berühmt werden oder eine Religion verbreiten. Aber eines haben alle Forscher gemeinsam. Sie halten die Verbindung mit der Heimat aufrecht. Sie wollen ihren Heimatländern ihr Wissen von der Welt vermitteln.

Eine Gemeinschaft von Steinzeitmenschen gegen Ende der letzten Eiszeit (vor 10 000 Jahren). An der Wand sind Höhlenmalereien zu sehen von Tieren, die sie jagten.

Grenzüberschreitende Völker

Oft gingen Menschen aus Ländern, die sich rasch entwickelten, auf Forschungsreisen: Menschen, die wissen wollten, was jenseits des Horizonts lag, Händler, die kostbare Metalle, Gewürze oder Edelsteine begehrten, Heerführer, die anderswo geeignete Stützpunkte errichten und Gelehrte, die andere Völker, ihre Gedankenwelt und ihre Erfindungen kennenlernen wollten.

Das sind starke Motive, und stark mußten sie auch sein, um Frauen und Männer zu Reisen zu bewegen, die mit unglaublichen Entbehrungen verbunden und sehr teuer waren. Es gab nicht viele Länder, die solche Forscher unterstützen konnten, und dies geschah auch nicht in vielen Jahrhunderten. Von der Vergangenheit bis in unsere Tage herein haben jedoch viele große *Zivilisationen* Zeit und Mittel für die Erforschung der Erde aufgewandt, und ungeheuer mutige Persönlichkeiten sind hervorgetreten und haben sich diesen Herausforderungen gestellt.

Diese Bison-Zeichnungen befinden sich auf Höhlenwänden in Lascaux in Südfrankreich. Sie sind vor etwa 30 000 Jahren entstanden und stammen vom sogenannten Cro-Magnon-Menschen, der nach dem Ort benannt wurde, an dem man zuerst seine Überreste gefunden hat. Auf der Jagd nach Beute wurden die Cro-Magnon-Menschen die ersten Eroberer Europas.

Diese Völker hatten jahrhunderte- und vielleicht jahrtausendelang ihre traditionelle Stammeslebensweise gepflegt, ehe sie von weißen Europäern „entdeckt" wurden.

Indianer Amazoniens

Neuseeland-Maori

Indianer Nordamerikas

Aborigines (australische Ureinwohner)

Inuit (Eskimo)

2 Die antike Welt

Die Geburtsstunde der Erforschung der Welt

Das Mittelmeer ist ein ideales Übungsgebiet für Seefahrer. Es erstreckt sich über 4000 km; das Meer ist relativ ruhig, warm und klar und hat viele Inseln, die sichere Häfen für Schiffe bieten.

Bis etwa 300 vor Christus hatten die dortigen Bewohner keine Ahnung, was jenseits ihrer Küsten lag. Westlich der Straße von Gibraltar war der Ozean und kein Land, soweit das Wissen reichte. Der gleiche Ozean – so glaubte man – war Teil eines riesigen Flusses, der Europa und Afrika umgab. Im Osten hielt man das Kaspische Meer und den Persischen Golf für einen Teil des gleichen großen Flusses.

Die meisten Mittelmeerküsten waren früher einmal so sauber und grün wie diese.

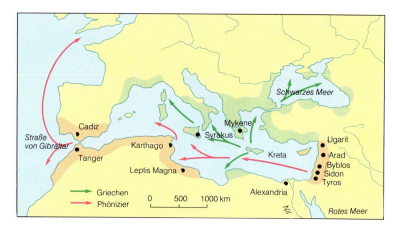

Wissenswertes
Die ersten Forscher, die den Schutz des Mittelmeerraumes verließen, waren die Phönizier, Händler aus Ländern wie dem heutigen Israel und Libanon. Die Phönizier errichteten ein großes Handelsimperium, aber ihre Geschicklichkeit als Seefahrer ließ sie zu Forschern werden.

Karthago in Tunesien besteht heute nur noch aus verlassenen Ruinen. Als es um 800 vor Christus von den Phöniziern gegründet wurde, war es eine Hafenstadt mit fruchtbarem Hinterland – ein idealer Stützpunkt für Herrscher, die auch Seefahrer waren.

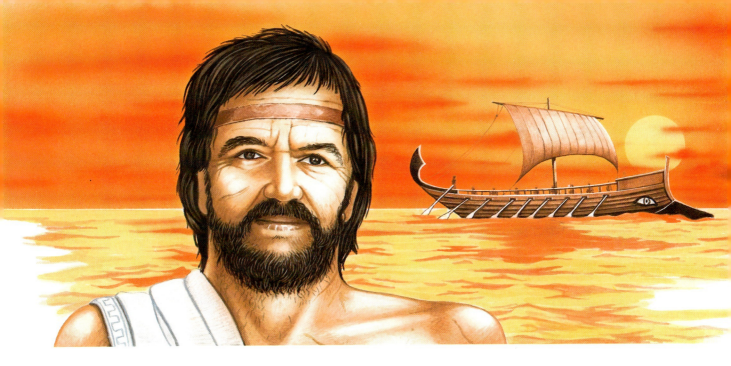

Eine künstlerische Darstellung von einem der größten sagenumwobenen Forscher der Antike: Odysseus. Von seiner Reise, die er von Troja (heute eine Ruinenstadt an der westtürkischen Küste) bis zu seiner Heimat Ithaka (einer Griechenland vorgelagerten Insel) unternahm, kündet das Epos Die Odysee des blinden griechischen Dichters Homer vor etwa 2500 Jahren.

Navigation

Wenn Reisende sich ans Ende der bekannten Welt wagten, war es fast unmöglich, ganz genau festzuhalten, was sie sahen. Die Seefahrer orientierten sich an Windrichtungen, an den Sternen, an Strömungen und am Land, das gesichtet wurde. Es gab noch keine *Kompasse;* wenn es also neblig war, konnten sie nicht genau angeben, in welche Richtung sie fuhren. Die *Geographen* wußten zwar, daß die Erde rund war, aber keiner kannte ihre Größe. Es gab keine Uhren, die Zeit wurde in Tagen gemessen.

Die alten Ägypter

Die bedeutendste der frühen Zivilisationen am Mittelmeer – Ägypten – drang nur zweimal im Süden über ihr Gebiet hinaus, und zwar um 2500 vor Christus und noch einmal 1000 Jahre später. Die Ägypter bauten einen Kanal, um den Nil mit dem Roten Meer zu verbinden. Sie reisten nach Arabien und Ostafrika, ein Gebiet, das sie „Punt" nannten. Dort kauften sie seltene und teure Waren, wie z.B. Türkis, Elfenbein, *Weihrauch* und *Myrrhe.*

Um 600 vor Christus begann der Pharao Necho von Ägypten, mit Punt Handel zu treiben. Aber der Kanal, der den Nil mit dem Roten Meer verbunden hatte, war versandet. Necho heuerte eine phönizische Flotte an, um eine andere Route um Afrika herum zu erkunden. Es gelang ihr, aber sie brauchte drei Jahre, was den Ägyptern als Handelsroute zu lang erschien.

Wissenswertes

Hanno, ein Phönizier aus Karthago, brach mit 60 Schiffen auf, um Kolonien an der Westküste Afrikas zu gründen. Noch weiter ging seine Reise um den Landvorsprung von Westafrika herum. Unterwegs sah er Krokodile und Flußpferde, einen Vulkan und „Frauen mit haarigen Körpern", wahrscheinlich Schimpansen. „Wir nahmen drei Frauen in Gewahrsam, die bissen und kratzten", schrieb er. „Aber wir töteten sie und zogen ihnen die Haut ab und brachten die *Häute* nach Karthago."

Die antike Welt

Die Griechen

Die Karte oben zeigt die Route Alexanders des Großen, als er im Jahr 334 vor Christus auszog, um die damals bekannte Welt zu erobern. Die untere Karte zeigt die alte Seidenstraße vom südwestlichen Asien nach China.

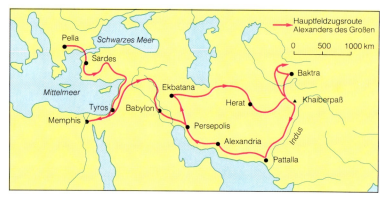

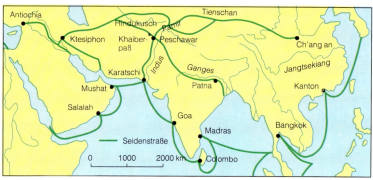

So soll Alexander der Große ausgesehen haben, einer der größten Forschungsreisenden der antiken Welt. Abbildung nach einer Münze.

Die Griechen waren die größten Forscher der antiken Welt; sie gründeten über 100 Kolonien rund um das Mittelmeer und das Schwarze Meer. Um 400 vor Christus etwa überschritten sie ihre Grenzen.

Alexander der Große

Im Jahr 334 vor Christus führte der 23jährige König Alexander von Mazedonien (das zu jener Zeit noch nicht Teil von Griechenland war) sein Heer ostwärts in einem aufwendigen *Feldzug* gegen Persien (heute Iran) und Indien. Er träumte davon, die ganze Welt zu erobern, bevor ihm klar wurde, daß sie größer war, als er vermutet hatte. Er erreichte Afghanistan, zog über den Khaiberpaß und am Indus entlang nach Süden. Die Rückroute führte durch den heutigen Irak und die Türkei.

Diese bemerkenswerte zehnjährige Reise, bei der Zehntausende 32 000 km zurücklegten, brachte den Griechen genaue Informationen über das Land zwischen dem Mittelmeer und Indien. Doch Alexander starb in Babylon, in der Nähe des heutigen Bagdad, im Alter von 33 Jahren.

Die Erkundung des Nordens

Sehr wenige Menschen sind in den feuchten, kalten Teil des nördlichen Europas vorgedrungen. Einer der ersten war – einige Jahre nach Alexanders Tod – ein Grieche namens Pytheas, ein Geograph aus Massalia (dem heutigen Marseille). Er wollte herausfinden, ob England eine Insel war oder nicht.

Nachdem er entdeckt hatte, daß dies stimmte, setzte er seine Reise in ein Land, das er „Thule" nannte, fort. „Meer und Luft sind nicht richtig getrennt, vielmehr scheinen sie sich zu einer Art Meeresatem zu vereinen", berichtete er. Mit „Meeresatem" könnte er einen arktischen Nebel gemeint haben. Handelte es sich um Island? Die Shetland-Inseln? Norwegen? Der Name „Thule" bezeichnete von da an einen sagenumwobenen Ort, der weit nördlich der bekannten Welt lag.

Die Römer waren ein praktisches Volk, das gern Handel trieb und Geld verdiente. Sie sahen sich in den reichen Ländern im Süden und Osten um. In den Jahren 14 – 37 nutzte ein Händler namens Hippalus die Monsune aus, um von Arabien nach Indien zu segeln. Ein paar Jahre später sandte der Herrscher Nero eine *Expedition* aus, die versuchen sollte, den Nilursprung zu entdecken. Sie erreichte den Sudd, große Sümpfe mit verwesender Vegetation, die dem Sudan seinen Namen gab. Für die nächsten 1800 Jahre sollte kein Europäer mehr dieses Gebiet zu Gesicht bekommen.

Die Seidenstraße

Die Europäer des Mittelmeerraums waren nicht die einzigen großen Forscher der antiken Welt. Weit im Osten, in China, hatten die Menschen einen ganz bestimmten Grund, Kontakt mit dem Westen aufzunehmen: sie wollten *Seide* exportieren, die bei den Reichen in Europa hoch geschätzt war. Niemand im Westen wußte, wie Seide hergestellt wird (sie stammt von den Puppen der Seidenraupe, die sich von den Früchten der Maulbeerbäume ernährt). Die Handelswege in den Westen wurden von einem chinesischen Forscher namens Tschang K'ien erschlossen, der zwischen 138 und 126 vor Christus Tienschan, Pamir und Hindukusch erforschte und bis zum Khaiberpaß vordrang.

Im späten vierten Jahrhundert brach ein chinesischer Buddhistenmönch namens Fa-hien auf, um das Ursprungsland seiner Religion zu erkunden. Er brauchte 15 Jahre, um über den Himalaja nach Indien und südlich bis Sri Lanka zu gelangen.

Teil der Seidenstraße in Kirgisien, Südrußland.

3 Grenzüberschreitende Völker

Die Wikinger

Vor mehr als 1000 Jahren erschien eine andere große Nation von Forschern auf der Bildfläche: die Wikinger.

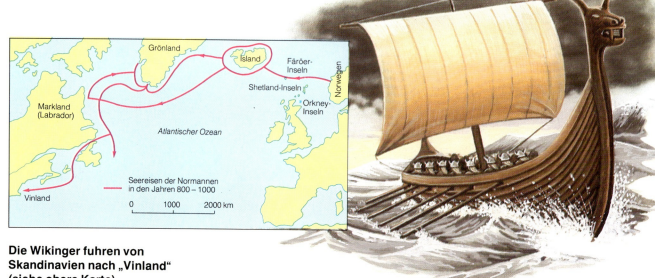

Die Wikinger fuhren von Skandinavien nach „Vinland" (siehe obere Karte) in offenen, langen Booten, wie das unten gezeigte.

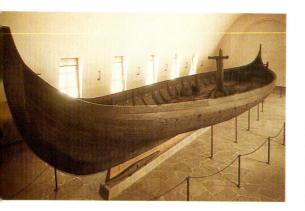

Sie waren große Seefahrer, die an die schroffen Felsenklippen Skandinaviens gewöhnt waren. Im 9. Jahrhundert unternahmen sie eine Reihe von Erkundungsfahrten. Sie wandten sich zuerst nach Süden und Osten und transportierten ihre Schiffe von Fluß zu Fluß quer durch Rußland nach Konstantinopel (heute Istanbul), das sie im Jahr 860 erreichten.

Aufbruch nach Westen

Zur gleichen Zeit segelten andere Wikinger mit ihren wetterfesten Schiffen nach Westen. Diese Boote waren groß genug, um 20 bis 30 Menschen mitsamt Vieh und Proviant aufzunehmen. Der einzige Schutz vor eisigen Winden und strömendem Regen waren Arbeitskittel und Schlafsäcke aus Leder.

Nach kurzem Aufenthalt auf den Orkney- und den Shetland-Inseln erreichten sie 860 Island. Einige, die von Stürmen weit abgetrieben worden waren, berichteten, im Westen ein anderes Land gesichtet zu haben. Ein Jahrhundert lang gab es keine Bestätigung dieser Berichte. Im Jahr 982 wurde Erik der Rote, so ge-

---

Wissenswertes

Die Wikinger waren harte und erfahrene Seeleute, die ihre Geschwindigkeit aus dem Wind abschätzten, ihre Richtung nach Sonnenuhren und ihre Position nach ihrer Umgebung bestimmten: Vögel, Strömungen, Wasserfärbung, Eis und Nebel.

St. Brendan in seinem Korbboot

nannt wegen seines roten Haares und Bartes, wegen *Totschlags* für drei Jahre von Island verbannt. Er machte sich auf, das Land zu erforschen, das seine Vorfahren Jahre zuvor gesehen hatten. Mit der Nachricht von einem neuen Land, das er Grönland nannte, kehrte er zurück.

Er hatte Erfolg: 350 Siedler begleiteten ihn und gründeten eine neue Kolonie. Das Klima war damals milder als heute und das Meer ohne Eis und reich an Fischen und Vögeln. 200 Jahre lang überlebten die Wikinger dort. Aber nach 1500 verschlechterte sich das Klima, und die Kolonie starb langsam aus.

Die Entdeckung Vinlands

Die Wikinger entdeckten sogar noch weiter westlich ein Land, nämlich das heutige Amerika. Wikingersagen berichten, wie ein Isländer, Bjarni, vom Wind abgetrieben wurde und in einem warmen, bewaldeten Gebiet landete – ganz sicher kein Teil des baumlosen Grönland. Im Jahr 1000 etwa segelte Eriks Sohn, ein Hüne, der Leif der Glückliche genannt wurde, nach Westen und gelangte zum Land Bjarnis. Er und seine Leute verbrachten dort den Winter. Leif nannte das Land „Vinland" (es handelte sich um die Nordspitze Neufundlands). Es gefiel ihnen dort, so daß zwei weitere Expeditionen folgten. Aber Angriffe der einheimischen Indianer und Nahrungsmangel machten eine Besiedlung unmöglich.

St. Brendan, Heiliger und Forscher

Der erste Mensch, der jemals den Atlantik überquerte, war möglicherweise der irische *Missionar* St. Brendan. Das Christentum wurde 432 in Irland vom heiligen Patrick eingeführt. Danach suchten sich Irlands heilige Männer entlegene Inseln aus, wo sie als Mönche ein einfaches Leben führen konnten. Sie benutzten am Heck offene, sogenannte *Korbboote,* bei denen über einem Korbrahmen Häute gespannt waren. Einer dieser Mönche war St. Brendan.

Ein Buch über seine Reise berichtet, wie er in der Mitte des 6. Jahrhunderts westwärts zu herrlichen Inseln fuhr. Das Buch ist ein großartiger Abenteuerroman. Niemand weiß, inwieweit es der Wahrheit entspricht, aber ein Forscher aus unserer Zeit, Tim Severin, machte tatsächlich die Reise nach Amerika in einem Korbboot. Er erbrachte den Beweis, daß die Reise in einem solchen Boot durchgeführt werden konnte.

Falls die Geschichte wahr ist, fuhr Brendan vielleicht zuerst nach Norden, denn er sah „harte, silbrige Kristallsäulen" (Eisberge, möglicherweise in den kalten arktischen Gewässern). Dann passierte er eine Insel, die ein „Feuerball" war, (vielleicht ein Vulkanausbruch auf Island) und landete im „heiligen Land der Verheißung", was wohl Amerika war oder eine der Inseln der Bahamas.

Eine Wikingerfamilie. Die Wikinger legten während der Sommermonate in ihren langen Booten riesige Entfernungen zurück. Oft verbrachten sie den Winter in Norwegen bei ihren Familien.

 **Grenzüberschreitende Völker**

Die Erkundung des Ostens

Jahrhundertelang hatten die Völker des Fernen Ostens und Europas miteinander Handel getrieben. Im 13. Jahrhundert wurden fast ganz Asien und große Teile Europas von Mongolen angegriffen, ausgezeichnete Reiterslaute von den unfruchtbaren, kalten Ebenen Zentralasiens, die ganz Europa und den Mittleren Osten in ihre Gewalt zu bringen drohten. Schließlich veranlaßte sie der Tod ihres Herrschers (des großen Dschingis Chan) zum Rückzug. Die Europäer konnten daraufhin in Ruhe den Osten erkunden.

Giovanni del Carpini

Zu den ersten Abenteurern gehörten Mönche, die Gesandte des Papstes oder anderer Herrscher waren. Sie sollten versuchen, die Mongolen von weiteren Angriffen abzubringen. Im Jahr 1245 reiste der 60jährige italienische Mönch Giovanni del Carpini als erster Europäer 4800 km zur mongolischen Hauptstadt Karakorum.

Bald danach machten zwei andere Mönche die gleiche jahrelange Reise. Der zweite, Wilhelm von Rubruck, staunte über die riesigen runden Zelte *(Jurten)*, in denen die Mongolen lebten, und darüber, daß die Männer sich einen quadratischen Fleck auf dem Kopf kahl schoren.

Marco Polo

Den Mönchen folgten *Kaufleute;* der bekannteste war Marco Polo, einer der größten Reisenden des Mittelalters. Sein Vater und sein Onkel, Nicolo und Matteo, machten eine 15jährige Reise in den Osten. Als sie zu einer zweiten Reise aufbrachen, nahmen sie den jungen 17jährigen Marco mit.

Die arabischen Forscher

Wie die Europäer, so brannten auch die Araber darauf, die Welt jenseits ihrer Grenzen kennenzulernen. Einige Araber reisten auf dem Land- und dem Seeweg ostwärts nach China; andere wandten sich nach Norden und trafen auf Wikinger und Russen; im 12. Jahrhundert kam einer nach Dänemark und England. Der bedeutendste aller arabischen Reisenden war Ibn Battuta, ein Marokkaner, der 1325 allein von zu Hause aufbrach, um die heiligen Städte *Mekka* und Medina zu besuchen. Danach reiste er weitere 120 000 km durch Nord- und Ostafrika, den Mittleren Osten, Südrußland, Indien, China und Südostasien. Er lieferte sogar eine Beschreibung des riesigen, sagenhaften *Vogels Rock,* berühmt durch die Erzählungen Sindbads des Seefahrers (was er sah, war wahrscheinlich überhaupt kein Vogel, sondern die Luftspiegelung einer entlegenen Insel).

Als er schließlich heimkehrte, war er 45 Jahre alt. Die nächsten 30 Jahre bis zu seinem Tod verbrachte er damit, seine Abenteuer aufzuschreiben.

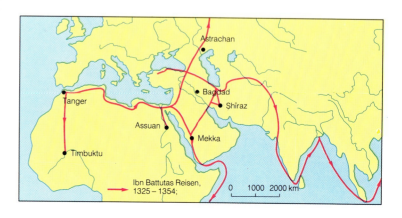

Die Reisen des berühmten arabischen Forschers Ibn Battuta.

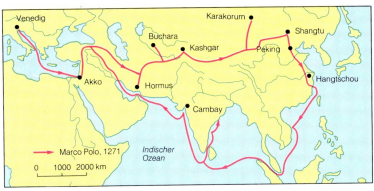

Die Große Mauer in China, die zum großen Teil um 300 vor Christus gebaut wurde, setzte die ersten Besucher aus Europa in Erstaunen.

Die Karte zeigt Marco Polos Reise von Venedig nach Kambalek (Peking) und zurück. Die Reise dauerte alles in allem 21 Jahre.

Im Jahr 1275 erreichten Vater, Sohn und Onkel den Hof des *Großen Chan* Khubilai in Kambalek (heute Peking). Sie waren fasziniert vom Palast des Chan mit seinen goldenen und silbernen Wänden und einer Halle, die 6000 Menschen faßte. Der Chan beauftragte Marco, das chinesische Reich zu erkunden und einen Bericht darüber zu verfassen. Er sah vieles, was ihn in Erstaunen versetzte. An seinem Geburtstag erhielt der Chan 100 000 Pferde, wie Marco voller Bewunderung festhielt. Er sah die großartige Stadt Kinsai (heute Hangtschou) mit ihren 12 000 Brücken und riesige Hochsee-*Dschunken* mit sechzig Kajüten. Er bereiste noch andere Teile Asiens, zum Beispiel Indien, Sri Lanka und Indonesien. Nach seiner Rückkehr im Jahr 1295 schrieb er Reiseberichte.

Noch 50 Jahre lang nach Marco Polos Reisen brachen Händler, Gelehrte und Missionare gen Osten auf, bis das Gebiet zwischen Europa und China von *Moslem*-Völkern besetzt wurde, die dem christlichen Westen feindlich gegenüberstanden.

Auf diesem Foto sind vier Eier abgebildet, von links: das Ei des ausgestorbenen Vogels Ruch (oder Rock), ein Ei des Vogels Strauß, das Ei eines Huhns und (winzig klein) das Ei eines Kolibris. Man sieht, daß selbst das riesige Straußenei gegenüber dem Ruchei klein erscheint. Die Sage berichtet, daß der ausgewachsene Vogel Ruch groß genug war, um Menschen wegzutragen.

Grenzüberschreitende Völker

Rund um Afrika

Die Europäer, Araber und Chinesen lebten alle im etwa gleichen Klima. Andere Gebiete, so glaubten sie, waren mit Sicherheit unbewohnbar. Im Norden gab es nur Eis- und Schneewüsten, und den Süden hielten sie für eine feurige Hölle, wo die Sonne das Wasser erhitzte. Niemand wußte von der Reise der Phönizier rund um Afrika viele hundert Jahre zuvor.

Heinrich der Seefahrer

Die Portugiesen waren die ersten Europäer, die an der Küste Afrikas entlang nach Süden segelten. Einer der Königssöhne, Heinrich der Seefahrer, der vor etwa 500 Jahren lebte, interessierte sich brennend für Seereisen und die Erforschung der Erde. In den 40ger Jahren des 15. Jahrhunderts schickte er viele Forscher aus. 1474 überquerten die Forscher zum ersten Mal den *Äquator,* es starben jedoch viele an Fieber und *Malaria.*

Die Sage berichtete von einem großen christlichen Reich weiter im Süden, das von einem König namens

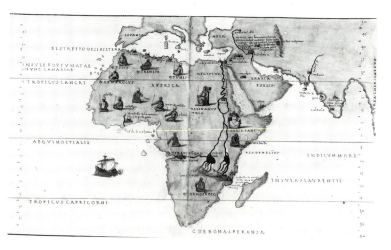

Die Karte von Afrika aus dem 17. Jahrhundert zeigt ganz genau die Küstenlinie bis nach Indien. Aber das Landesinnere war unbekannt, der Nil wird fälschlicherweise mit dem Kongo verbunden (jetzt Zaire).

Prinz Heinrich der Seefahrer von Portugal, ein finsterer, gelehrter Mann, wurde so genannt, weil er viele Seereisen finanzierte. Er selbst fuhr nie zur See.

Prester John regiert wurde. Durch diese Erzählungen angeregt, sandte ein späterer portugiesischer König, Johann II., zwei Männer aus, Pedro da Covilhao und Bartolomëu Diaz, dieses Gebiet zu erkunden.

Covilhao brach vom Roten Meer auf und wandte sich nach Osten Richtung Indien. Auf der Suche nach Prester John schlug er den Weg ins Landesinnere ein, nach Äthiopien. Er fand ein Land vor, das seit Jahrhunderten seine ganz besondere Form des Christentums bewahrt hatte. Er ließ sich dort bis zu seinem Tod 30 Jahre später nieder.

In der Zwischenzeit waren Diaz und seine Mannschaft an der westafrikanischen Küste entlang nach Süden gefahren und durch Stürme weit von der Südspitze Afrikas abgetrieben worden. Bei ihrer Rückkehr 1488 nannten sie sie „Kap der Stürme". Als Prinz Johann klar wurde, daß seine Schiffe nun ostwärts diese Handelsroute nach Indien nehmen konnten, taufte er es in „Kap der Guten Hoffnung" um.

Auf dem Seeweg nach Indien

Jahre später wurde dies von Vasco da Gama verwirklicht. Es war eine schwierige Reise. Bei Gegenwind kehrte er in vier Monaten von Indien über den Indischen Ozean zurück. 30 Mann Besatzung starben an *Skorbut.* Zwei Jahre lang war er unterwegs gewesen und hatte eine Seeroute nach Osten erschlossen. Jetzt konnten kostbare Gewürze nach Europa gebracht werden, ohne feindliche Länder zu berühren.

Chinesische Gegenstände aus dem 12. bis 14. Jahrhundert. Sie wurden auf der Insel Kilwa vor der ostafrikanischen Küste gefunden. Sie zeigen, daß über die Seidenstraßen Handel zwischen China und Afrika getrieben wurde.

Die Ruinen eines Palastes auf der Insel Kilwa. Die Insel war ein Mittelpunkt des Handels an der ostafrikanischen Küste.

Grenzüberschreitende Völker

Kolumbus und die Neue Welt

Christoph Kolumbus war von jeher fest entschlossen, als großer Entdecker reich und berühmt zu werden. Er wußte nichts von den Wikinger-Reisen nach Amerika, aber es war ihm bekannt, daß die Erde rund war, und er glaubte, daß es möglich und auch schneller sei, westwärts nach Asien zu segeln als Afrika zu umrunden. Durch die Landkarten jener Zeit und die Berichte Marco Polos wurde er irregeführt. Er glaubte, die Molukken zu erreichen, wenn er nach Westen über den Atlantischen Ozean segelte.

Im Jahr 1492 bekam er seine Chance. Er war gebürtiger Italiener und hatte sich in Portugal niedergelassen; aber es war dann das spanische Königspaar, Ferdinand und Isabella, das seine Expedition unterstützte. Sie glaubten, durch eine schnellere Route nach Ostindien finanzielle Vorteile zu haben. Mit drei kleinen Schiffen und 100 Mann segelte er nach Westen ins Unbekannte.

Die Bahamas

Zwei Monate später, gerade als die Mannschaft am Rande der *Meuterei* war, sichteten sie eine Insel. Am Ufer standen einige Menschen, die zu den Schiffen hinausschwammen, um Papageien und Speere gegen Kleidung und Perlen zu tauschen. Die Insel ge-

Instrumente, die für gewöhnlich benutzt werden, um auf hoher See Schiffe zu lenken.

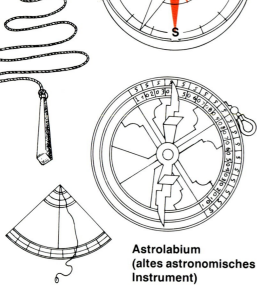

Log (Fahrgeschwindigkeitsmesser) und Leine

Kompaß

Astrolabium (altes astronomisches Instrument)

Oktant (Nautisches Winkelmeßgerät)

Dies ist eine Querschnitt-Darstellung der „Santa Maria", dem ersten Schiff von Kolumbus. Man kann erkennen, wie die Seeleute auf langen Reisen an Bord gelebt haben könnten. Die Verhältnisse waren hart und beengt.

hörte zu den Bahamas. Kolumbus hatte keine Ahnung, wo er sich befand. Er glaubte, es handle sich um einen Teil von Indien. So nannte er die Eingeborenen „Indianer" und die von ihm entdeckten Inseln „Westindische Inseln". Er kam schon fünf Monate nach seinem Aufbruch wieder in Spanien an; es war eine überraschend problemlose Reise.

Kolumbus kehrte mit der Hoffnung zurück, daß sich weitere Reisen durch Gold und Sklaven auszahlen würden. Schon nach ein paar Monaten brach er mit 14 Schiffen und 1200 Männern wieder auf, um eine große Insel zu besiedeln, die er „Hispaniola" genannt hatte (heute zwei Länder: Haiti und die Dominikanische Republik). Ab es gab wenig Nahrung, kein Gold und die Eingeborenen verhielten sich feindselig.

1502, nach einer dritten Reise, bei der er das Küstengebiet Venezuelas erkundet hatte, wurde Kolumbus auf seine letzte Reise geschickt. Immer noch brannte er darauf, in westlicher Richtung nach Asien zu gelangen. Diesmal landete er an der Küste von Mittelamerika, das er „Costa Rica" nannte. Er war jetzt in den Fünfzigern und krank, und als er 1506 starb, wußte er immer noch nicht, daß er einen ganz neuen Kontinent entdeckt hatte.

Nach zwei Monaten auf See muß der Anblick einer solchen Westindischen Insel Kolumbus' erschöpfte Seeleute aufgemuntert haben.

Der Mann, der einem Kontinent den Namen gab

Amerigo Vespucci arbeitete für die große italienische Familie Medici, die ihn 1491 nach Spanien schickte, wo er in einem Unternehmen arbeitete, das Schiffe belieferte. Dort traf er Kolumbus. Zwischen 1497 und 1504 machte er selbst mehrere Reisen über den Atlantik. Niemand weiß, wie viele Reisen es waren, denn neue Entdeckungen waren wertvoll, und er behielt die Einzelheiten für sich. Sicher ist, daß er an der Küste von Südamerika entlang segelte und an der Mündung des Amazonas vorbei. Wie Kolumbus glaubte er zuerst, einen Teil Asiens zu erkunden. Aber auf dem Weg weiter nach Süden war es dann klar, daß dieses Land nicht Asien sein konnte. 1507, ein Jahr nach Kolumbus' Tod, schlug ein Geograph namens Martin Waldseemüller vor, daß diese neue Welt „Amerige oder America" genannt werden sollte, da Amerigo sie entdeckt habe. Der Name blieb haften.

Grenzüberschreitende Völker

Rund um die Welt

Die Karte zeigt die Routen von Ferdinand Magellan und del Cano (der das Kommando übernahm, nachdem Magellan auf den Philippinen getötet worden war).

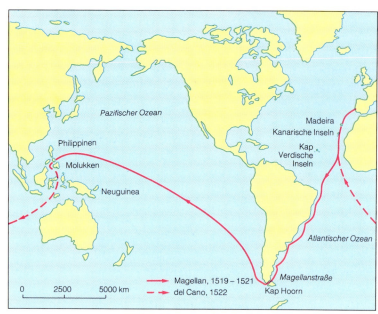

Auf dieser Darstellung erscheint Ferdinand Magellan als ruhiger, gelehrter Mann. Aber er war auch ein brutaler, harter Seebär, der seine Mannschaft unbarmherzig antrieb.

Eine portugiesische Karte von Südamerika aus dem 16. Jahrhundert zeigt die Magellanstraße. Das Land südlich davon hielt man für einen Teil eines anderen Kontinents. Aber die Seeleute wußten wenigstens, daß sie den Pazifik durch die Magellanstraße erreichen konnten, wenn das Wetter gut war.

Nach Kolumbus' und Vespuccis Reisen hatten die Spanier Grund zu glauben, daß es einen Weg nach Osten gäbe, wenn man westwärts segelte. Ferdinand Magellan war Portugiese, aber er handelte im Auftrag der Spanier. Er versprach, eine Route um die Südspitze Südamerikas herum zu finden.

Im September des Jahres 1519 brach er auf. Fünf Schiffe und 237 Mann standen ihm zur Verfügung. An Bord befanden sich große Mengen an Handelswaren. Von Anfang an war es eine schwierige Reise. In der Nähe der Südspitze Südamerikas mußte er eine Meuterei im Keim ersticken, indem er einen seiner Kapitäne hinrichtete. Ein Schiff ging bei einem Sturm unter.

Die Magellanstraße

Magellans Ziel war eine der stürmischsten Regionen der Erde mit gewaltigem Seegang und eisigen Winden. Magellan fand einen Weg, das Kap zu meiden – durch eine schmale, sich windende Meerenge, die jetzt Magellanstraße heißt. Einige seiner Männer fürchteten sich so sehr, daß eines der verbliebenen Schiffe aufgab und umkehrte.

In den Pazifischen Ozean

Mit noch drei Schiffen tauchte Magellan dann im Pazifischen Ozean auf. Drei Monate lang segelte er westwärts. Proviant und Wasser wurden rar. Die Männer mußten mit verdorbenem Schiffszwieback, Ratten und Leder überleben. Zwanzig starben an Skorbut.

Im März 1521 erreichten sie die heutigen Philippinen. Magellan wollte die einheimische Bevölkerung zum Christentum bekehren. Auf einer der Inseln leistete das Volk Widerstand und tötete 40 der Europäer, auch Magellan.

Ein Schiff wurde aufgegeben, da nur noch die Hälfte der Mannschaft lebte. Im Januar 1522 erreichten die Schiffe „Trinidad" und „Vittorio", schließlich die Molukken und nahmen riesige Ladungen Gewürze an Bord. Nach Reparaturarbeiten kehrte die „Trinidad" über den Pazifik zurück, wurde aber dann von Portugiesen geentert. Die „Vittorio" schlug sich neun Monate später nach Hause durch. Die überlebenden Männer, gerade noch 18, waren die ersten Menschen, die die Welt umsegelt hatten.

Der Drache, der die Welt umrundete

Der zweite große Forscher, der die Welt umsegelte, war einer der größten Abenteurer Englands, Sir Francis Drake. Er stand in Diensten der Königin Elisabeth I. und hatte den Auftrag, spanische Schiffe, die Schätze aus Südamerika an Bord hatten, zu plündern. Bei einem Raubzug, 1569, sah er den Pazifik über die schmale Landenge des heutigen Panama. Er bat Gott, ihm zu gestatten „einmal auf einem englischen Schiff dieses Meer zu befahren".

Im Jahr 1577 war seine Chance da. Die Königin bat ihn, den großen Kontinent im Süden, Terra Australis, zu finden, von dem man annahm, daß er sich im südlichen Pazifik befinde. Dann könne er zu den Molukken weitersegeln und vor der Heimkehr Gewürze an Bord nehmen. Und wenn er dabei noch ein paar spanische *Galeonen* plündern könnte, um so besser, teilte ihm die Königin mit.

An der Spitze von Südamerika wurden sie so sehr von Stürmen heimgesucht, daß ein Schiff sank und ein anderes umkehrte. Aber der Sturm führte zu einer großen Entdeckung. Vom Kurs abgetrieben, fand Drake im Süden offenes Gewässer, dort, wo der Atlantik und der Pazifik aufeinandertreffen. Allerdings sah er Kap Hoorn nicht.

Drake bahnte sich einen Weg durch die Magellanstraße, segelte langsam an der Westküste Südamerikas entlang und plünderte dabei spanische Schiffe (unter anderem eine Galeone, die 20 Tonnen Silber an Bord hatte). Auf der Suche nach einer Durchfahrt zum Atlantik geriet er weit nach Norden, bis Kanada. Es gab keinen Rückweg nach Osten, deshalb beschloß er, um die ganze Welt zu segeln.

Er kehrte nach fast drei Jahren zurück mit einer Beute, die heute um 1 500 000 Pfund wert sein dürfte. Die Spanier nannten ihn El Draque – den Drachen.

4 Die Erschließung des Pazifiks

Der Kontinent im Süden

Die Karte zeigt die Routen des Holländers Abel Tasman und des französischen Forschers Bougainville. Sie begannen mit der Erkundung des großen Kontinents Australasien.

Im späten 16. Jahrhundert wollten die Spanier als erste den großen Kontinent entdecken, den man im

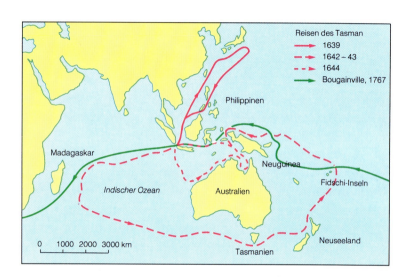

südlichen Pazifik vermutete. Sie hatten sogar einen Namen für den Traum-Kontinent: Australia, „das Land des Südens". Niemand wußte damals, daß der Kontinent tatsächlich existierte, da die Spanier ihn nie zu Gesicht bekommen hatten. Auf mehreren Expeditionen kamen sie ganz in die Nähe. Sie zeichneten viele Landkarten von den Tausenden von Inseln in diesem Gebiet; und eine Expedition, die von Luiz de Torres geleitet wurde, segelte an der Küste Neuguineas entlang und sah die Australien vorgelagerten Inseln.

Die Holländer

Die Holländer waren es, die die führende Rolle bei der Erforschung des Pazifiks spielten. Eine von Willem Jantszoon angeführte Expedition mied die Magellanstraße und umrundete das Kap. Nach einem der Schiffe nannte er es „Kap Hoorn". Im Jahr 1606 kam es durch ihn zur ersten schriftlich aufgezeichneten Entdeckung Australiens. Und der Holländer Abel Tasman umrundete 1642 als erster ganz Australien. Dabei stießt er auf Inseln, die er „Tasmanien" und „Neuseeland" nannte.

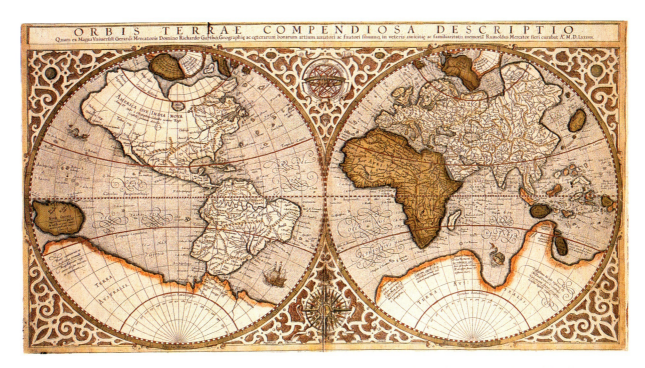

Diese Karte von 1595 zeigt den großen südlichen Kontinent – Terra Australis, „Land des Südens", von dessen Existenz die Wissenschaftler wegen des Gleichgewichts zum Land nördlich des Äquators überzeugt waren. In gewisser Weise hatten die Wissenschaftler recht. Es gab tatsächlich zwei „Länder des Südens" zu entdecken – Australien und die Antarktis.

Nach Tasman war der größte Teil der Kontinente und Ozeane ungefähr bekannt. Die Aufgabe, einzelne Lücken zu schließen, dauerte nochmals 100 Jahre. Die Männer, die sich darin hervortaten, waren hauptsächlich Franzosen oder Engländer.

Graf Bougainville

Der bedeutendste französische Forscher war Graf Bougainville, der 1767 die Inseln im Pazifik erschloß. Ihm gelangen viele wissenschaftliche Entdeckungen. Dies ist zum Teil das Verdienst seiner Assistentin Jeanne Baré, die eine ausgezeichnete *Botanikerin* war. Sie gehörte zu den ersten Frauen, die an einer großen Forschungsreise teilnahmen.

Als die Weißen zum ersten Mal nach Tasmanien kamen, töteten sie viele Ureinwohner. Andere starben an Trunksucht oder Seuchen. Die letzten starben in den 50er und 60er Jahren des 19. Jahrhunderts.

Die Erschließung des Pazifiks

Kapitän Cook

Die Karte zeigt die drei Seereisen Kapitän Cooks über den Pazifik und um das heutige Australien.

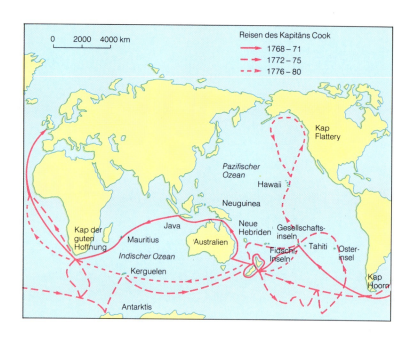

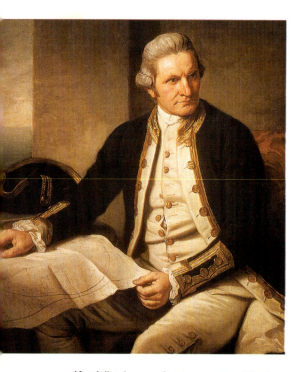

Kapitän James Cook war sowohl ein ausgezeichneter Seemann als auch eine hervorragende Führerpersönlichkeit. Die Romanschriftstellerin Fanny Burney beschrieb ihn als „humansten und mildesten Seefahrer, der je auf Entdeckungsreisen ging".

James Cook wurde 1728 geboren. Er war der bedeutendste Forscher im Pazifik, der über die letzten großen weißen Flecken der Weltkarte Aufschluß gab. Auf seiner ersten Reise wollte er die Bahn der Venus zwischen Erde und Sonne aufzeichnen. Er hatte auch einen Geheimauftrag: ob es außer Australien einen unentdeckten südlichen Kontinent gäbe. Viele waren immer noch davon überzeugt, daß ein solches Land als Gegengewicht zu Europa und Asien im Norden vorhanden sein müsse.

Cook war der Sohn eines Bauernknechts. Als junger Mann heuerte er auf Kohleschiffen an. Er war ein brillanter Mathematiker, ein ausgezeichneter Seefahrer und vor allem eine hervorragende Führerpersönlichkeit. Er sah darauf, daß seine Mannschaft Hygienegebote beachtete und frische Nahrungsmittel aß, um eine angeschlagene Gesundheit und Seuchen zu vermeiden.

Cooks Reisen

Auf der ersten seiner drei Reisen (1768 – 1771) beobachtete Cook die Venus von Tahiti aus, segelte 2400 km nach Süden (wo er nur Inseln vorfand) und zeichnete eine Karte von Neuseeland. An der australischen Küste entdeckte er Botany Bay, wohin später englische *Sträflinge* verschickt wurden. Weiter erforschte er das *Große Barrierriff* und erbrachte den Beweis, daß Neuguinea nicht mit Australien verbunden war.

Auf seiner zweiten Reise (1772 – 1775) gelangte er

Kapitän Cooks Schiff, die „Endeavour". Es war ein wetterfestes, 30 m langes Schiff, das 366 Tonnen wog.

weiter nach Süden als je ein Mensch vor ihm, in Eisberg- und Nebelbereiche. „Taue wie Drähte", schrieb er. „Segel wie Metallplatten." Aber er segelte nicht weit genug nach Süden, um die Antarktis zu entdecken.

Die dritte Reise (1776–1780) diente dem Zweck, nördlich von Kanada nach einer Durchfahrt zum Pazifik zu suchen – der Nordwest-Passage, nach der die Forscher von Königin Elisabeth I. Ausschau gehalten hatten. Er fand nichts als Eis. Er kehrte nach Hawaii zurück, wo Stammespriester ihn zum Gott erhoben und den Inselbewohnern Anweisung gaben, Boote voller Vorräte abzuliefern. Dies erbitterte die Hawaiianer; am Strand brach ein Kampf aus, in dessen Verlauf Cook niedergeschlagen und erstochen wurde.

Harrison – der Mann, der die *geographische Länge* einführte

Bis zur Mitte des 18. Jahrhunderts war es für Seeleute unmöglich zu wissen, wie weit sie sich genau in östlicher oder westlicher Richtung befanden. Sie brauchten dafür eine Uhr, die auf einem wellenumtosten Schiff funktionierte. Dann hätten sie die Weltzeit von Greenwich mit der Ortszeit vergleichen können. Im Jahr 1713 bot das Parlament für die erste derartige Uhr 20 000 Pfund. Es dauerte fast noch 50 Jahre, bis es eine solche Uhr gab. 1761 beanspruchte John Harrison diese Prämie. Es war seine Uhr, die es Cook ermöglichte, so genau zu navigieren.

Als Cook von heftigen Stürmen wieder nach Hawaii getrieben wurde, reagierten die Inselbewohner feindselig. In einem bei ihm seltenen Anfall von Jähzorn erschoß Cook einen der Eingeborenen. Die Meute griff ihn an und erstach ihn, während der Rest der Mannschaft sich zu den Booten durchschlug.

5 Quer durch die Neue Welt

Die Nordwestpassage

Während die Spanier Mittel- und Südamerika eroberten, wandten britische Entdecker ihre Aufmerksamkeit dem Norden zu. Sie waren überzeugt davon, daß es eine Route um die Spitze Nordamerikas herum zum gewürzreichen Osten und sagenumwobenen Land Cathay, dem heutigen China, gäbe.

Die Cabots – John und sein Sohn Sebastian – versuchten es als erste. Ihre Berichte von eisigen Gewässern, drückendem Nebel und plötzlich endenden Wasserstraßen lenkten die Aufmerksamkeit auf den Norden, doch die Wüsteneien Nordrußlands schienen genauso hoffnungslos.

Sir Martin Frobisher

Der erste, der ernsthaft nach der Nordwestpassage suchte, war Martin Frobisher. 1576 passierte er Grönland und glaubte, sich in einer Durchfahrt nach Westen zu befinden. Tatsächlich war er aber in einer kleinen Bucht der Baffin-Insel. Bad wurde er von feindseligen *Inuits* in *Kajaks* umzingelt. Als fünf seiner Männer das Land erkunden wollten und nie mehr auftauchten, nahm Frobisher einen Eskimo gefangen. Er hoffte, ihn als Geisel benutzen zu können, um seine Männer zu befreien. Mit dem Eskimo und ein paar glitzernden Gesteinsbrocken, die er als Gold bezeichnete, kehrte er zurück.

Eine weitere Expedition erbrachte den Beweis, daß er sich geirrt hatte: bei den mitgebrachten Gesteinsbrocken handelte es sich um völlig wertloses Pyrit, „Pseudo-Gold".

Der nächste, von John Davis unternommene, Versuch hatte eher eine wissenschaftliche Grundlage. Seine drei Expeditionen (1585 – 1587) erbrachten viele wertvolle Informationen, aber keine Route zum Pazifik.

Unter einem bösen Omen stand die Reise von Henry Hudson, der schon das Gebiet um das heutige New York erforscht hatte; der große Fluß trägt seinen Namen. 1610 machte er sich auf, die Route nach Osten zu finden.

Martin Frobisher war ein kräftiger, jähzorniger Mann aus Yorkshire, der „nicht schlecht fluchen konnte".

Auf der Suche nach der Nordwestpassage wurden Frobishers Leute von Eskimos angegriffen. Frobisher war so wütend, daß er einen Eskimo gefangen nach England mitnahm.

Für Forscher können Eisbären eine Bedrohung darstellen. Sie können einen Menschen mit einem Prankenhieb töten.

Nachdem die Mannschaft in einer riesigen Bucht, die ebenfalls nach Hudson benannt wurde, überwintert hatte, meuterte sie und setzte ihn in einem offenen Boot aus. Hudson und seine acht Kameraden gingen elend zugrunde.

Nach Hudson kamen andere, die die Bucht und die Inseln kartierten; sie gelangten zu dem Schluß, daß jegliche weiteren Expeditionen Zeitverschwendung wären. Aber eines hatte man von diesen Reisen gelernt: es gab eine Route ins nördliche Kanada, auf der man das Gebiet der Franzosen umgehen konnte, mit denen die Engländer zu jener Zeit auf Kriegsfuß standen.

Erst 1903 wurde eine Route bis nach Asien entdeckt, als es hochentwickelte Navigationsinstrumente und widerstandsfähige Eisbrecher gab.

Quer durch die Neue Welt

Aufbruch nach Westen

Fische und Felle – diese beiden großen Reichtümer wurden bei der frühen Erforschung des nördlichen Kanada entdeckt. Es waren Franzosen, die als erste die ins Herz Nordamerikas führenden Routen erkundeten. Sie benutzten Kanus aus Birkenrinde und trieben Handel mit den Indianern. Dann stießen sie weiter nach Süden vor, hinter die frühen englischen Kolonien, die an der Ostküste entstanden waren.

1534 sah Jacques Cartier als erster Europäer die große Mündungsbucht des St.-Lorenz-Stroms. Im folgenden Jahr fuhr er, von Indianern begleitet, flußaufwärts. Sie kamen an einem Vorgebirge vorbei – heute befin-

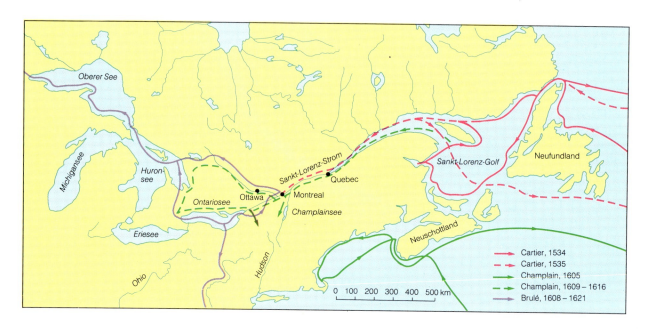

Die Karte zeigt die Expeditionsrouten nach Westen ins Innere Kanadas und der Vereinigten Staaten (wie diese beiden Länder schließlich genannt wurden).

det sich dort Quebec – und erreichten einen auf Anhöhen liegenden, eingefriedeten Ort. Diese Hügel nannte er „Mount Royal" (heute Montreal).

Sechzig Jahre später versuchte Samuel de Champlain, einen Weg quer über den Kontinent zu erschließen. Er befreundete sich dabei mit den Huronen und den Algonkin-Indianern, und gemeinsam griffen sie die im Süden lebenden Irokesen an. Champlain kehrte später zurück, um bei der Verwaltung der Kolonie zu helfen, die er mitgegründet hatte.

Ein junger *Dolmetscher* war es, Etienne Brulé, der Champlains Forschungsreisen auf die Großen Seen ausdehnte. Er befand sich fast in der Mitte des Kontinents, als er das entgegengesetzte Ende des Oberen Sees erreichte.

Andere Franzosen folgten, die sich ihren Weg nach Westen und Süden zum Oberlauf des Mississippi bahnten. 1682 wurde der Fluß schließlich von Robert de la Salle bis zur Mündung erkundet. Dieser beanspruchte das ganze Mississippital für Frankreich und nannte es zu Ehren seines Königs Louis XIV. „Louisiana".

Erst sehr viel später fand der Überlandtreck zur pazifischen Küste statt; die Engländer und Russen erreichten sie allerdings auf dem Seeweg. Ein Schotte namens Alexander MacKenzie fuhr vom Großen Sklavensee aus jenen Fluß aufwärts, der heute nach ihm benannt ist. Als er merkte, daß dieser nach Norden floß, machte er kehrt und suchte von neuem einen Weg nach Westen. Er und seine Männer erklommen schließlich die Rocky Mountains und erreichten am 22. Juli 1793 nach zwei Monaten den Ozean.

Der Handel mit den eingeborenen Völkern, den Indianerstämmen, gehörte ganz wesentlich zum Leben der ersten Eroberer und Siedler. Die weißen Europäer erhielten wertvolle Felle und Stoffe im Austausch für Gewehre und Werkzeug.

Die Expedition von Jacques Cartier 1535 segelt westwärts den St.-Lorenz-Strom entlang und wird dabei von Indianern beobachtet.

Quer durch die Neue Welt

Flucht aus dem Osten

Im 16. Jahrhundert hatte die Besiedlung an der amerikanischen Küste begonnen. Mitte des 18. Jahrhunderts gab es so viele Siedler, daß es notwendig wurde, Neuland im Westen zu erschließen.

Daniel Boone

Hundert Jahre lang hatten einsame Trapper die Appalachen überquert und Rotwild gejagt, um in den Besitz von Häuten zu kommen. Der bekannteste dieser Grenzbewohner war Daniel Boone, der viele Jahre in Kentucky lebte, dort auf die Jagd ging und das Land erkundete. Innerhalb von 15 Jahren nach seiner Rückkehr 1771 waren schon 30 000 Menschen seinem Beispiel gefolgt.

Das Leben der Trapper war oft gefährlich. Sie durchkämmten unbekanntes Gebiet, riskierten, von einheimischen Indianern umgebracht oder von wilden Tieren, wie Bären und Wölfen, angegriffen zu werden.

Lebensnotwendige Kleidung für einen Trapper: der warme, widerstandsfähige Wildlederkittel, die Mütze aus Waschbär- oder Biberfell, die Flinte und der Pulverbehälter.

Waschbär- oder Biberfellmütze
Wildlederkittel
Flinte
Pulverbehälter

Alexander MacKenzie war der erste Europäer, der den ganzen Kontinent überquerte. Das war 1793. Seine erfolgreiche Reise veranlaßte Präsident Jefferson, eine offizielle Expedition vorzuschlagen. Jeffersons Sekretär, Meriwether Lewis, und sein Bekannter William Clark wurden als Leiter der Expedition ausersehen. Die Expedition brach 1804 auf und legte bis zum

Eine Planwagen-Karawane setzt sich von den Ebenen des Mittleren Westens aus auf die Rocky Mountains zu in Bewegung. Es wurden Wege benutzt, die die ersten Eroberer des amerikanischen Westens erschlossen hatten.

Oberlauf des Missouri in den Rocky Mountains 2500 km durch die Prärien des Mittleren Westens zurück.
Dann fanden sie sich in unbekanntem Gebiet wieder, inmitten von Bergen, die unbezwingbar schienen. Zum Glück heiratete ein Stammesmitglied eine *Shoshoni-Frau,* die ihre Führerin wurde und der es zu verdanken war, daß andere Stammesmitglieder ihnen, freundlich gesonnen, Pferde verkauften. Nachdem sie viele Pässe überwunden hatten, fuhren sie den Columbia flußabwärts zum Pazifik. Nach 28 Monaten und einer Wegstrecke von über 12 000 km kehrten sie heil zurück.

Den Süden jedoch hatten die Amerikaner zum großen Teil noch nicht erforscht. Nach Lewis und Clark brach ein 26jähriger Leutnant, Zebulon Pike, auf, um den Oberlauf des Mississippi zu erkunden. Auf späteren Fahrten erforschte er die Colorado-Hügelketten, darunter den atemberaubend schönen Pike's Peak. Diese Gebiete grenzten an Spanisch New Mexico, und durch Pikes Berichte wurde der Handel mit Mexiko eröffnet.

Unmittelbar nach diesen Entdeckungen brachen Siedler mit ihren Planwagen auf den Treckrouten von Santa Fe, Oregon und Kalifornien zur Westküste auf. Im Jahr 1845 schrieb John O'Sullivan, Herausgeber der New Yorker „Morning News": „Offenbar besteht für uns die Notwendigkeit, den ganzen Kontinent in Besitz zu nehmen." Zu diesem Zeitpunkt waren die Amerikaner schon auf dem besten Wege dazu.

Ein Trapper aus der Zeit, als Daniel Boone lebte (zweite Hälfte des 18. Jahrhunderts).

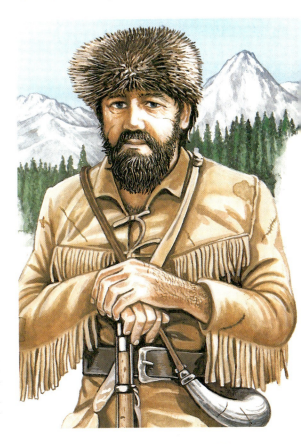

6 Die wüsten Einöden Asiens

Quer durch Rußland

Bis etwa 1550 war Sibirien größtenteils eine unbekannte Wüstenei. Aber wie das nördliche Kanada war es reich an Pelzen. Im Jahr 1581 zogen 1600 *Kosaken* unter ihrem Führer Jermak Timofejew über den Ural und begannen so die russische Eroberung des nördlichen Teils von Asien. Um 1640 hatten Russen dann den Pazifik erreicht.

Peter der Große

Unter Peter dem Großen (1672 – 1725) zogen noch mehr Eroberer nach Nordosten, um herauszufinden, ob es eine Verbindung zwischen Rußland und Amerika gäbe. Der Mann, der an der Erforschung dieses Gebiets den größten Anteil hatte, war Vitus Bering, der 1728 nordwärts entlang der Ostküste Sibiriens segelte. Als er sich schließlich seinen Weg durch Packeis gebahnt hatte, mußte er feststellen, daß der Verlauf der Küstenlinie wieder westwärts erfolgte. Er hatte die Lücke zwischen Asien und Amerika entdeckt, die 90 km breite Straße, die seinen Namen trägt.

Auf einer weiteren Seereise 1741 erforschte er die Küste von Alaska und kehrte dann zum Überwintern auf die kahle Beringinsel zurück. Zum Schutz vor Wetterunbill mußten seine 77 Männer Gruben ausheben und sie mit Segeltuch zudecken. 28 Männer starben in jenem Winter an Skorbut, unter ihnen auch Bering. Als Ergebnis seiner Bemühungen wurde Alaska russisch und blieb dies auch, bis Amerika es 1867 für 7 200 000 Dollar kaufte.

Ein Gemälde, das Peter den Großen (1672 – 1725) darstellt. Er beauftragte Expeditionen zur Erforschsung der nordöstlichen Gebiete Rußlands.

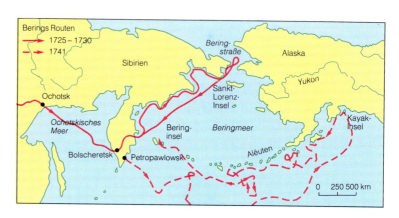

Die Karte zeigt die Routen Vitus Berings, auf denen er die weiten Flächen Sibiriens und anderer Teile Rußlands erkundete.

Das Tienschan-Gebirge bildet eine massive 3000 km lange Barriere zwischen Rußland und China.

Das Przewalski-Pferd gehört zu einer untersetzten Rasse mit wolligem Fell, das sich den eisigen Wintern Zentralasiens gut angepaßt hat.

Die Erforschung des Tienschan-Gebirges

Weiter im Süden begann 1857 die Erforschung des Tienschan-Gebirges, das noch nicht kartiert war. 1870 nahm Nikolai Przewalski die erste von fünf gewaltigen Reisen quer durch die Mongolei, China und die Gebirge Zentralasiens in Angriff – eine riesige, öde Region von Sümpfen, Wüsten und eisigen Hochflächen.
Er starb 1888 am Issyk-Kul-See, hoch im Tienschan-Gebirge; Lhasa, die Hauptstadt Tibets, erreichte er nicht mehr. Seine Aufzeichnungen über die Pflanzen- und Tierwelt halten die Erinnerung an ihn lebendig. Er entdeckte das einzige bekannte Wildpferd, das nach ihm benannt wurde.

Die wüsten Einöden Asiens

Der Himalaja

Nach der Familie Polo gab es nur sehr wenige Europäer, die sich über den Himalaja nach China wagten. Ein Spanier, Benedict de Goes, schaffte es 1603 bis 1605; er hatte sich zum Ziel gesetzt, mit chinesischen Christen Kontakt aufzunehmen. Im Jahr 1661 schließlich eröffneten zwei *Jesuiten*missionare, der Deutsche Johannes Grüber und der Belgier Albert d'Orville, einen regelmäßigen Handelsweg von China nach Indien. Als erste Europäer überhaupt sahen sie Lhasa, die Hauptstadt von Tibet.

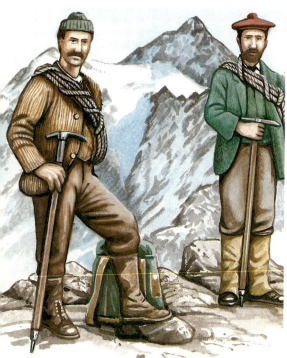

Klettern und Bergsteigen gehörten im 19. Jahrhundert zu den volkstümlichen, ernst zu nehmenden Sportarten. Aber erst im 20. Jahrhundert gelang die Erstbesteigung des höchsten Berges der Welt, des Mount Everest.

Potola heißt der festungsartige Palast des Dalai-Lama, des Herrschers von Tibet. Er liegt hoch über Lhasa, das für Europäer einst so unzugänglich war, daß es die „Verbotene Stadt" genannt wurde.

Der dreieckige Gipfel des Mount Everest ist der höchste der Welt (links), aber andere riesige Berge des Himalaja wie Nuptse (Mitte) und Lhotse (rechts) reichen fast an ihn heran.

Die Jesuiten tauchten 1715 nochmals in Tibet auf, als ein Italiener, Ippolito Desideri, in Lhasa ankam. Danach geriet Tibet unter den Einfluß Chinas, und nur wenigen Europäern war es möglich, Lhasa zu besuchen.

Wissenswertes
Der Mount Everest ist der höchste Berg der Erde. Er ist 8848 m hoch. Zum ersten Mal wurde er 1954 von einem Neuseeländer, Sir Edmund Hillary, und dem Sherpa Tensing, erstiegen.

Kartographie

Reisende und Forscher erklommen die Berge für gewöhnlich auf bekannten Klettersteigen. Aber detaillierte Kenntnis konnte man nur aus Karten erlangen. Der größte Kartograph war George Everest. Er zog sich zwar 1843 als aktiver Bergsteiger zurück; aber nachdem 1862 die Übersicht der höchsten Berge der Welt fertiggestellt war, wurde der höchste Berg der Erde nach ihm benannt.

Die detaillierte Vermessungsarbeit wurde von „Fachgelehrten" (Pandits) geleistet, unter ihnen viele Inder. Wenn sie entlegene Gebiete erforschten, reisten sie oft in der Verkleidung eines *Pilgers* mit Gebetsmühlen und speziellen Büchern, die ihre Notizen verbergen sollten. Mit Perlenschnüren zählten sie ihre Schritte, ein Pandit zeichnete sogar über 370 km die Schritte seines Pferdes auf.

Der größte Forschungsreisende Zentralasiens war wohl der Schwede Sven Hedin, der sein ganzes Leben mit Reisen verbrachte. Zu seiner Zeit gab es im Grunde praktisch keine weißen Flecken auf der Karte mehr, aber zwischen 1890 und dem ersten Weltkrieg durchquerte er die Region häufiger als je ein anderer. Auf einer der Reisen (1894 – 1897) legte er 19 000 km zurück und fertigte 552 Seiten Kartenaufzeichnungen an.

Sven Hedin, der schwedische Forscher, verbrachte sein ganzes Leben mit Reisen. Dieses Bild wurde in China aufgenommen, als er 70 Jahre alt war; er führte damals eine Expedition auf den Spuren der Seidenstraße.

Die wüsten Einöden Asiens

Die Sandwüsten Arabiens

Das Herz der arabischen Welt, die trockene Region jenseits des Roten Meeres, war für die Europäer bis zu diesem Jahrhundert ein Buch mit sieben Siegeln. Die Araber kannten zwar die Geographie ihres eigenen Landes, aber ihr Wissen war für die Welt draußen nicht zugänglich. Europäer mußten das Land auf eigene Faust entdecken.

Mekka

Nicht die Unzugänglichkeit des Landes hielt Reisende ab, sondern der Argwohn, der Fremden entgegengebracht wurde. Tatsächlich war die heilige Stadt *Mekka* für nichtmohammedanische Ausländer verboten. Die einzige Möglichkeit bestand in Verkleidung, Beherrschung des Arabischen und Kenntnis der mohammedanischen Lebensweise.

Ein Italiener namens Ludovico di Varthema schlich sich um 1500 in Mekka ein. Joseph Pitts, ein Engländer, wurde 1678 von Piraten gefangengenommen und als Sklave verkauft. Er wurde Mohammedaner und ging mit seinem Herrn auf Reisen, bis er schließlich fliehen konnte. Die erste offizielle Forschungsreise in Arabien wurde von sechs dänischen Wissenschaft-

Mekka, der Geburtsort Mohammeds (Gründer des Islam), ist die heiligste Stadt der Moslems. Im Zentrum befindet sich die Kaaba, ein viereckiges Gebäude, von dem die mohammedanische Tradition behauptet, es sei von Abraham erbaut worden. Mekka ist für Nichtmohammedaner nicht zugänglich.

lern 1762 unternommen. Sie hatten kein Glück: alle außer einem starben an Seuchen. Erfolgreicher war der Schweizer Johann Burckhardt, der arabisch studierte und verkleidet den Nil flußaufwärts fuhr. 1813 entdeckte er den großen Felsentempel von Abu Simbel mit seinen 18 m hohen Skulpturen wieder. So großes Ansehen hatte er sich erworben, daß er in den Islam aufgenommen wurde und Mekka besuchen durfte.

Im 19. Jahrhundert sammelten andere Abenteurer, die meisten Experten im Arabischen, Informationen über die Wüsten. Einer dieser Forscher war Richard Burton, der später den Nil erforschen sollte. Nachdem er Arabisch gelernt hatte, durchquerte er Arabien als verkleideter armer Afghane.

Im ersten Weltkrieg standen die Araber gegen ihre türkischen Herren auf. Der Aufstand veranlaßte T. E. Lawrence, genannt Lawrence von Arabien, die Wüstenregion zu erforschen.

„Das leere Viertel"

Um 1930 war die Wüste Rub al Chali (arabisch für „Das leere Viertel") die letzte unerforschte Gegend. 1930 – 1931 wurde sie zum ersten Mal von einem Außenseiter durchquert, von Bertram Thomas; ihm folgten Harry St. John Philby und Wilfrid Thesiger in den Jahren 1946 – 1947. Diese drei Männer erprobten einen der Wüste angepaßten Lebensstil. Sie lebten verhältnismäßig bescheiden und konnten dadurch ein differenziertes Verhältnis zur Wüste und ihren Bewohnern entwickeln.

„Das leere Viertel" Südarabiens (ganz oben) ist die größte Sandwüste der Erde. Sie wird von Beduinen durchstreift, die die verstreuten Wasserlöcher kennen; aber es waren britische Forscher, die die Wüste zuerst durchquerten. Der letzte war Wilfrid Thesiger (oben) in den Jahren 1948 – 1950.

7 Südamerika

Die Suche nach El Dorado

Nach der Entdeckung Amerikas durch Kolumbus hatten die Spanier in Südamerika nur eines im Sinn: möglichst viel Gold zusammenzuraffen. Die Erforschung des Landes war von geringem Interesse. Über ein Jahrhundert lang erbeuteten sie Gold und Silber von den Mayas und Azteken in Mexiko und den Inkas in den Anden.

Der vergoldete Mann

In Südamerika wurden sie von dem Gerücht angelockt, daß irgendwo ein Land voller Gold liege. Der Mythos entwickelte sich aus dem erregenden Ritus eines Indianerstammes in Kolumbien: jedes Jahr wurde der Häuptling mit Goldstaub bepudert, den er anschließend in einem See abwusch. Die Spanier nannten den Häuptling El Dorado, den „vergoldeten Mann". Es handelte sich nur um einen kleinen Stamm und um eine winzige Menge Goldstaub, aber die Spanier hielten den Häuptling für einen reichen König.

Nach der Unterjochung der Inkas im Jahr 1533 schickte der spanische Herrscher Francisco Pizarro seinen Bruder Gonzalo auf die Suche nach El Dorado

Der Dschungel, durch den der Amazonas fließt, ist der größte Regenwald der Erde. Die 1000 wichtigsten Nebenflüsse fassen ein Drittel des Süßwassers der Erde.

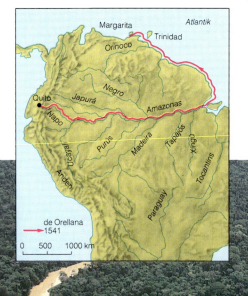

im Dschungel von Ekuador. Mit seinem Stellvertreter Francisco de Orellana und 80 Mann marschierte Gonzalo von den Anden in den tropischen Regenwald des Amazonas-Beckens.

Als sie am Napo, einem Nebenfluß des Amazonas ankamen, bauten sie ein Boot und setzten sich flußabwärts in Bewegung, einige per Boot, während der Rest sich am Ufer entlang vorwärtskämpfte. Nach einem Monat fanden sie keine Nahrung mehr, sondern nur noch „Frösche und Schlangen". Pizarro schickte Orellana und 50 Mann voraus um für Verpflegung zu sorgen. Sie wurden von der Strömung mitgerissen, und Pizarro mußte sich allein zu den Anden durchschlagen.

Orellana vollendete dann beinahe zufällig eine der größten Forschungsfahrten, indem er fast 5000 km den Amazonas flußabwärts zum Atlantik fuhr und so als erster Spanier den Kontinent überquerte.

Namensgebung des Amazonas

Unterwegs traf er häufig auf feindselige Indianer. Einmal beobachtete er, wie Frauen miteinander kämpften. Orellana, dem die griechische Sage von einem kriegerischen Frauenvolk, den *Amazonen,* einfiel, nannte das gesamte Gebiet nach ihnen.

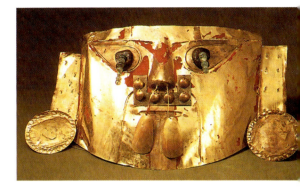

Die meisten indianischen Kulturen in Südamerika stellten Gegenstände aus Gold her, wie diese Totenmaske aus Peru um das Jahr 1200 (oben). Die Spanier stahlen Gold in großen Mengen und waren versessen auf immer mehr. Sie glaubten, daß es irgendwo eine sagenhafte Goldstadt gäbe, weil sie von einem Häuptling gehört hatten, der am Guatavita-See in Kolumbien (unten) Gold von seinem Körper zu waschen pflegte. Tatsächlich war aber die Menge des Goldstaubes sehr gering, und niemand fand irgendwelche Schätze im See.

Südamerika

Ins Amazonasgebiet

Die Erforschung des *Amazonas-Beckens* wurde vor allem von Wissenschaftlern durchgeführt. Der erste, der sich mit dieser Region befaßte, war 1743 ein Franzose namens Charles Marie de la Condamine. Seine Aufgabe war es gewesen, die Erde am Äquator entlang zu vermessen. Aber nachdem er dies hoch oben in den Anden beendet hatte, fuhr er flußabwärts zur zentral gelegenen Stadt Manaus am Amazonas und dann den Rio Negro flußaufwärts. Seine Berichte zeugten von der ungeheuren Spannweite botanischer und *zoologischer* Forschung für die Zukunft.

Alexander von Humboldt

Der größte wissenschaftliche Forscher war ein junger Deutscher, Alexander von Humboldt. Er und sein französischer Kollege Aimé Bonpland brachen 1799 von Venezuela aus nach Süden zum Orinoco auf. Ihre Erfahrungen mit den eigenartigen Wesen dieser Region – Zitteraalen, Piranhas, Zitterrochen und Süßwasser-Delphinen – schrieben sie nieder. Sie sahen auch mit eigenen Augen den seltsamen Casiquiare-Kanal, einen natürlichen Wasserlauf, der den Orinoco mit dem Amazonas verbindet. Bei ihrer Rückkehr entdeckten sie eine besondere Schwierigkeit der Forschung in den Tropen, die *Humidität,* die ein Drittel ihrer 12 000 Pflanzenproben vernichtet hatte.

Die nächste Etappe ihrer Reise begann in den Anden, wo sie den 6250 m hohen Vulkan Chimborazo erklommen, den man damals für den höchsten Berg der Erde hielt. Etwa 300 m unterhalb des Gipfels mußten sie wegen einer unüberwindlichen Schlucht und

Der höchste Berg in Südamerika ist der 6250 m hohe Chimborazo in Ekuador.

Der Chimborazo, einer von vielen schneebedeckten Vulkanen in den Anden, wurde von Alexander von Humboldt zuerst bestiegen.

wegen Höhenkrankheit umkehren. Der Gipfel wurde schließlich 1880 von einem Engländer, Edward Whymper, erstiegen.

Der Humboldt-Strom

Auf dem Weg nach Süden wunderte sich Humboldt über die wüstenartigen Gebiete Perus. Er fand auch die Erklärung dafür: trotz Äquatornähe war das Meereswasser ungeheuer kalt, da es mit der Strömung, die jetzt seinen Namen trägt, von der Antarktis kam. Deshalb fiel in bestimmten Gebieten kein Regen. Auch die hohen Anden hatten Einfluß auf den Niederschlag.

Obwohl Humboldt selbst auf die Ersteigung des Chimborazo besonders stolz war, so lieferte doch seine wissenschaftliche Arbeit den ersten detaillierten Bericht über die Pflanzen- und Tierwelt Südamerikas. Er begegnete allem, was er sah, mit Neugierde. Ein anderer wissenschaftlicher Forscher, Charles Darwin, nannte ihn „den größten Forschungsreisenden im Dienst der Wissenschaft, den es jemals gegeben hat".

Der wissenschaftliche Forscher Humboldt (oben stehend und unten in einer Portrait-Darstellung) hält seine Funde mit seinem Kollegen Aimé Bonpland auf einem Lagerplatz hoch in den Anden schriftlich fest.

Südamerika

Die Naturforscher

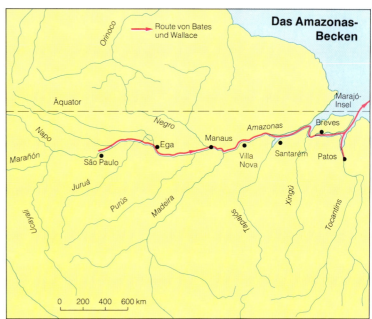

Im frühen 19. Jahrhundert folgte eine Reihe von europäischen Expeditionen dem Beispiel Humboldts.
Im Jahr 1848 arbeiteten zwei Engländer, Henry Bates und Alfred Wallace, an einer besonders wichtigen Aufgabe, in der Hoffnung, das Entstehen verschiedener *Arten* zu erklären.

Das Sammeln von Tier- und Pflanzenarten

Bates verbrachte über sieben Jahre im Amazonasgebiet und sammelte an die 14 000 Insektenarten, wovon über die Hälfte zuvor unbekannt war.
Wallaces Sammlung wurde zum großen Teil durch ein Feuer zerstört, das an Bord seines Schiffes ausbrach. Er setzte jedoch seine Reise nach Malaysia fort, wo er sich mit der Evolutionstheorie befaßte.
Gegen Ende des Jahrhunderts kamen immer mehr Forscher ins Amazonasgebiet. Ein amerikanischer Chirurg, Hamilton Rice, versuchte den Ursprung des Orinoco zu finden, wurde aber von feindlichen Stämmen vertrieben. Ein brasilianischer Militäringenieur, Candido Rondon, unternahm viele gefahrvolle Reisen zu Indianerstämmen im südlichen Amazonasgebiet. Eine Expedition startete er zusammen mit dem früheren amerikanischen Präsidenten Theodore Roosevelt, dessen dramatische Erzählungen den Eindruck erweckten, als sei der ganze Amazonas eine „grüne Hölle".

Während Henry Bates für seine zoologische Sammlung einen Tukan fängt, wird er von einer protestierenden Vogelschar bedrängt. Bates' Buch „Der Naturforscher am Amazonas" bleibt ein Klassiker der Literatur über Forschungs- und Entdeckungsreisen.

Das Tierleben der tropischen Regenwälder des Amazonas.

Die ersten Landkarten vom Amazonas

Der berühmteste Amazonasforscher war wohl Percy Fawcett. Viele Jahre lang half er, Grenzgebiete zu kartieren, von denen er faszinierende Sagen über versunkene Städte gehört hatte.

Im Jahr 1925 wollte er zusammen mit seinem Sohn Jack den Mato Grosso erforschen. Die Expedition verschwand spurlos. Wahrscheinlich wurde sie von Indianern umgebracht, aber das Unternehmen war mit soviel öffentlicher Aufmerksamkeit verbunden, daß man jahrelang glaubte, sie könnten noch am Leben sein.

Heute gibt es zwar Karten vom Amazonas, doch die Tausende von Nebenflüssen bergen immer noch Geheimnisse. Viele Pflanzen- und Tierarten sind noch zu entdecken, und sicher gibt es Indianerstämme, die noch nie Weiße gesehen haben.

Oberst Percy Fawcett verschwand 1925 im Amazonasgebiet auf der Suche nach einer versunkenen Stadt. Niemand kennt sein Schicksal.

8 Ins Landesinnere Afrikas

Durch die Sahara

Im ausgehenden 18. Jahrhundert war das Landesinnere Afrikas der Welt draußen praktisch unbekannt. Wie bei den meisten entlegenen Gebieten kannten es nur die, die dort lebten. Zwar waren früher schon Reisende dorthin durchgedrungen, vor allem Araber wie Ibn Battuta. Aber zum großen Teil war dieses Gebiet nicht kartiert, und es gab keine Aufzeichnungen. Englische Forschungsreisende beschlossen, dies zu ändern. 1788 wurde auf Initiative von Sir Joseph Banks, der Cooks Botaniker gewesen war, eine „Gesellschaft zur Förderung der Erschließung des Landesinneren Afrikas" gegründet. Es gab mehrere Motive: wissenschaftliches Interesse, Handel, Inbesitznahme neuer Länder und Rivalität mit anderen europäischen Nationen.

Das erste Geheimnis, das gelüftet werden sollte, war der Standort der Stadt Timbuktu, die Ibn Battuta 400

Timbuktu

1824 brach Major Alexander Laing auf, um Timbuktu zu finden. Er brauchte über ein Jahr dazu und wurde beinahe von Angehörigen des Tuareg-Stammes umgebracht. Als erster Europäer durchquerte er die Sahara von Norden nach Süden und gelangte dann nach Timbuktu. Aber er kam nicht mehr dazu, seine Erlebnisse zu beschreiben; denn kurz nach seiner Ankunft wurde er von den Tuaregs ermordet.
Der erste, der die Stadt beschrieb, war der Franzose René Caillié, der sie 1828 erreichte. Die Lehmhütten machten einen enttäuschenden Eindruck auf ihn. Früher einmal war hier der Knotenpunkt der Handelswege des nördlichen Afrika, doch jetzt waren die Goldfelder erschöpft.
Die Mündung des Niger wurde schließlich 1830 von Richard und John Lander entdeckt. Der Fluß stellte nun eine Straße ins Landesinnere dar. Die Sahara-Route konnte aufgegeben werden.

Nordafrikanische Händler durchqueren die Wüste.

Mungo Park kartierte den Niger.

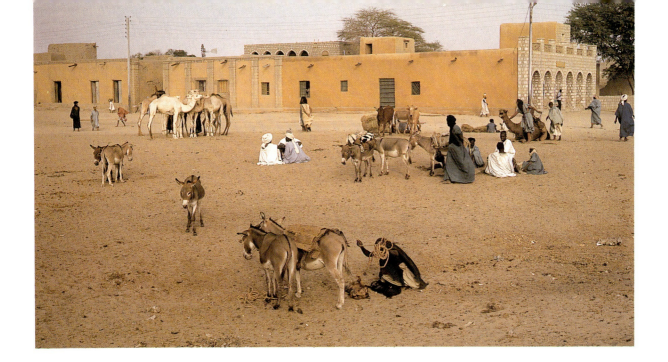

Jahre früher beschrieben hatte. Ein weiteres Rätsel war der Verlauf des großen westafrikanischen Flusses Niger. Da man nicht einmal wußte, in welche Richtung er floß, wurde vermutet, er würde irgendwie in den Nil münden.

Der Niger

1795 sandte die Gesellschaft einen 24jährigen schottischen Arzt aus, Mungo Park. Er war ein sensibler, liebenswürdiger, intelligenter und tapferer Mann, der viele Abenteuer überlebte – einschließlich vier Monate Gefangenschaft. 500 km fuhr er den Niger flußabwärts und entdeckte, daß er nach Osten floß.

Ermutigt schickte ihn die Gesellschaft wieder aus, diesmal um die Mündung des Niger zu finden. Von der Mündung des Gambia brach er 1805 mit 40 Europäern auf. Wenige überlebten und erreichten den Niger; die letzten – auch Park – starben, bevor sie an die Mündung kamen. Die Mündung des Niger wurde 1830 von Richard und John Lander entdeckt.

1822 schickte die britische Regierung eine Expedition zum Königreich Bornu am Tschadsee, von dem man annahm, er könne der Ursprung des Niger sein. Die drei Führer – Dixon Denham, Hugh Clapperton und Walter Oudney – waren die ersten Europäer, die diesen großartigen See sahen. Als Denham und Clapperton zurückkehrten (Oudney war gestorben), berichteten sie Erstaunliches über die afrikanischen Königreiche jenseits der Sahara.

Timbuktu am südlichen Rand der Sahara war jahrhundertelang eine Endstation für diejenigen, die die Wüste durchqueren wollten. Araber und Angehörige der Tuareg-Stämme (siehe unten) treffen sich hier immer noch, um Handel zu treiben, genau wie damals, als die ersten Europäer in den 20er Jahren des 19. Jahrhunderts in die Stadt kamen.

Ins Landesinnere Afrikas

Der Ursprung des Nils

Die Karte zeigt drei große Expeditionen, die den Nilursprung finden wollten.

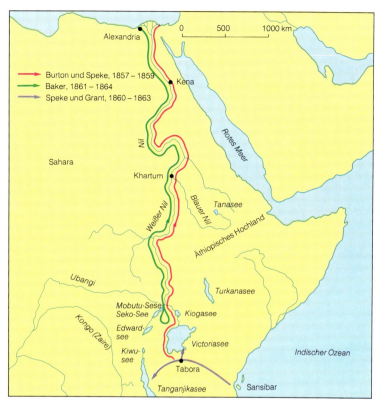

Richard Burton verkleidete sich als Afghane, um nach Mekka, die heilige Stadt des Islam, zu gelangen. Er war ein gut aussehender, brillanter, wagemutiger Mann, ohne Respekt vor der Autorität.

Bis Mitte des 19. Jahrhunderts blieb der Nilursprung unbekannt. Niemand wußte mehr darüber als der griechische Geograph Ptolemäus, der gesagt hatte, er befinde sich zwischen Crophi und Mophi, „den Mondbergen".

Es gab Berichte über zwei schneebedeckte Berge (Kilimandscharo und Mount Kenia), die Ptolemäus' Mondberge sein könnten. 1856 entschloß sich die Königliche Geographische Gesellschaft, diese Frage zu klären. Die Expedition wurde von Richard Burton angeführt, einem Abenteurer, der sowohl mehrere Sprachen als auch die Verkleidungskunst beherrschte. Er und sein Gefährte John Hanning Speke waren Offiziere der indischen Armee.

Victoriasee

1857 brachen sie ins Landesinnere nach Ujiji, am Ufer des Tanganjikasees auf. Beide Männer erkrankten, doch Speke gelang es trotzdem, einen großen See im Norden, den Victoriasee, zu erreichen, den er für den Nilursprung hielt. In aller Eile brachte er Burton nach Hause und berichtete von seinem Fund. Als Burton dann wiederkam, hatte Speke schon eine andere Ex-

Die Murchison-Wasserfälle, wo der Nil den Albert-See verläßt.

pedition organisiert, um seine Behauptung zu beweisen – sehr zu Burtons Mißfallen.

Speke machte einen besonneneren Mann namens James Grant zu seinem Gefährten. Auf dem Weg von Sansibar an der Küste ins Landesinnere verbrachten sie einige Zeit beim König von Buganda (jetzt Teil von Uganda). Dann setzten sie ihre Reise fort, um die Stelle zu finden, an der ein Nilarm aus dem Victoriasee fließt. Dazu wandten sie sich nach Norden und bemerkten nicht, daß der Fluß durch einen anderen See floß – den Albertsee.

Als sie bei Gondokoro wieder auf den Nil trafen, hatten sie eine seltsame Begegnung. Ein Freund von Speke, Samuel Baker, und seine aus Ungarn stammende Frau Florence hatten sich auf die Suche nach Speke gemacht, insgeheim hoffend, den Nilursprung selbst zu entdecken. Tatsächlich stießen die Bakers auf den Albertsee und den 32 m hohen Murchison-Wasserfall, dort, wo der Nil aus dem See fließt.

Die Bakers kamen 1865 in London an. Doch das Rätsel des Nilursprungs war immer noch nicht ganz gelöst. 24 Jahre lang mußte man noch auf die völlige Klärung warten.

Bis ins 19. Jahrhundert glaubte man, daß die Quelle des Nils irgendwo in der Nähe des Kilimandscharo läge.

45

Ins Landesinnere Afrikas

Missionare und Forscher

Zentralafrika wurde zum größten Teil von einem Schotten, David Livingstone, und dem Journalisten Henry Morton Stanley erforscht und kartiert.

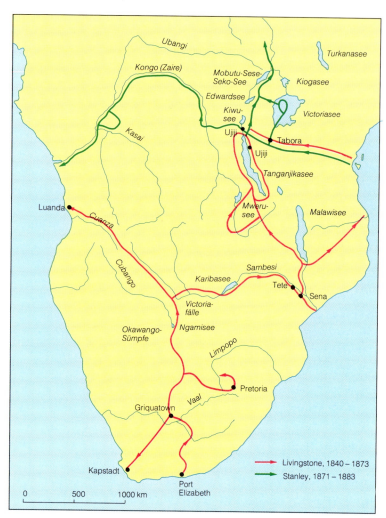

Von Zentralafrika bis zur Ostküste fließt der Sambesi meist so ruhig dahin wie auf dieser hier abgebildeten Strecke. Als Livingstone ihn 1855–1856 erforschte, berichtete er, auf diese Weise könne man leicht ins Landesinnere gelangen. Leider entging ihm ein Haupthindernis: die Quebrabasafälle.

David Livingstone

Einer der bekanntesten Namen in der Entdeckungsgeschichte Afrikas war David Livingstone. Mit 28 Jahren kam er von Schottland nach Südafrika. Zu jener Zeit (1841) wußte man nichts von den Wüsten im Norden. Livingstone war der erste, der sie durchquerte und den Ngamisee fand, an dem er eine Missionsstation errichtete.

Sein ehrgeiziger Plan war, von der Küste aus einen direkten Weg ins Landesinnere zu bahnen, in der Hoffnung, die Sklaverei abzuschaffen. Im Süden hatte er schon einen Versuch unternommen. Jetzt brach er zur Westküste auf und kehrte dann die 3000 km zur Ostküste zurück. Der Sambesi könnte sich als gute Route ins Landesinnere erweisen, so hoffte er.

Als er 1856 wieder in England eintraf, wurde er als Held gefeiert. Die Regierung beauftragte ihn, eine große Expedition zu leiten, die sich aber als Katastrophe erwies. Bei seiner abermaligen Rückkehr nach England versuchte er, Schuldzuweisungen zu entgehen, und verlangte eine größere Expedition. Diesmal wies ihn die Regierung ab. Livingstone kehrte auf eigene Faust nach Afrika zurück, missionierte und zog gegen die Sklaverei zu Felde. Seine finanziellen Mittel waren erschöpft; in Ujiji am Ufer des Tanganjikasees, abgeschnitten von der Welt, erkrankte er.

Henry Morton Stanley

Wie durch ein Wunder wurde sein Leben gerettet durch die Ankunft eines Amerikaners, der eine große Expedition leitete. Dieser begrüßte ihn mit den berühmt gewordenen Worten: „Dr. Livingstone, nehme ich an?" Es handelte sich um Henry Morton Stanley, der in einem Armenhaus in Wales aufgewachsen war und jetzt als Journalist bei der Zeitung „New York Herald" arbeitete. Der Herausgeber hatte ihn beauftragt, Livingstone zu finden.

Livingstone erholte sich und bestand auf einer letzten Reise: er wollte die sagenumwobenen Mondberge finden. Er glaubte, daß dort der wirkliche Nilursprung zu finden sei. Doch seine Suche war vergebens, denn er war weit entfernt vom Nil. Wieder wurde er krank und starb 1873 einsam im Sumpfland, neben seinem Bett kniend. Stanley war es schließlich, der die Erforschung Zentralafrikas mit einer erfolgreichen Fahrt auf dem Kongo abschloß.

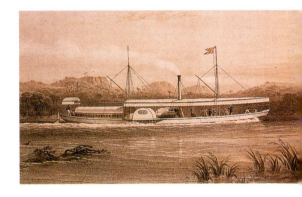

Als Livingstone in seinem Boot, der „Ma Robert", den Sambesi flußaufwärts fuhr, entdeckte er Wasserfälle und wandte sich nach Norden, um den Njassasee zu erkunden. Bei einer letzten Expedition auf der Suche nach dem Nilursprung verirrte er sich. Stanley fand ihn. Livingstone setzte die Suche allein fort.

9 Die Erschließung des Hinterlandes

Überwindung der großen Scheidelinie

Nach der ersten Besiedlung Australiens durch Weiße im Jahr 1788 wagte über einen Zeitraum von 40 Jahren niemand, über die Australischen Kordilleren (Great Dividing Range) hinaus tiefer ins Landesinnere

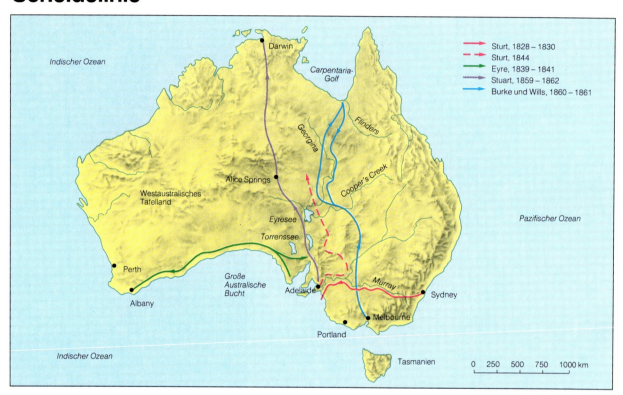

Viele Jahre wagten sich die ersten Siedler nicht in die Wüstengebiete des Landesinneren vor. Diese Karte zeigt die Routen der Hauptexpeditionen im 19. Jahrhundert. Man wollte entdecken, was hinter dem „öden Niemandsland" lag.

vorzustoßen. Sie erstrecken sich über 4800 km entlang der Ostküste. Das Gebiet wurde „ödes Niemandsland" genannt und war nur den Aborigines bekannt.

Der Darling

Charles Sturt war der erste, der es wagte. Er wurde von der Notwendigkeit getrieben, in diesem ausgetrockneten Land Wasser zu finden. Nachdem er schon ausgekundschaftet hatte, daß es im Westen Flüsse zu erkunden gab, fuhren Sturt und sechs weitere Männer im Jahr 1829 den Murrumbidgee und dann den Murray flußaufwärts. Sie erreichten den Darling, der sie der Küste entgegen nach Westen brachte. Zu ihrem Entsetzen mündete der Fluß dann in einen See.

Es blieb ihnen nichts anderes übrig, als 1600 km flußaufwärts zurückzurudern. Auf Grund von Sturts Bericht strömten Siedler in Scharen durch das Gebiet, des heutigen Victoria nach Westen bis in jene Region, wo jetzt die Hafenstadt Adelaide liegt.

Wieder wandte sich die Aufmerksamkeit dem „öden Niemandsland" im nördlichen Landesinneren zu. Als erster startete Edward Eyre 1840 von Adelaide aus; sein Ziel war das Zentrum des Kontinents. Monatelang irrte er in Sumpflandschaften umher, wo ihn Luft-

Die Eukalyptuswälder und das etwa 1250 m hohe Felsengebirge der Blauen Berge (links), Teil der Australischen Kordilleren, waren ein Haupthindernis für Forscher. Aber jenseits davon führten Flüsse wie der Darling (oben) an den Wüstenrand des Landesinneren.

Edward Eyre und der Ureinwohner Wylie, die beiden Überlebenden der Expedition von 1840 ins Landesinnere Australiens.

spiegelungen narrten. Er gab auf und wandte sich nach Westen in der Hoffnung, einen Weg für den Viehtrieb von Schafen zu finden. Sein neuer Plan gipfelte in einer heroischen Reise – 1600 km an der Wüstenküste der Großen Australischen Bucht entlang. Keinen einzigen Fluß gibt es auf der ganzen Strecke.

Als sie noch nicht einmal die halbe Strecke zurückgelegt hatten, töteten zwei der Führer Eyres Diener und suchten mit den Vorräten das Weite. Ein treuer Ureinwohner blieb ihm noch, Wylie. Die beiden überlebten, indem sie ihr Pferd schlachteten und bei einem französischen Schiff, das vor der Küste vor Anker lag, Hilfe suchten. Nach einigen Wochen langten Eyre und Wylie in Albany an, das fast an der Westküste liegt, und beendeten somit eine der gewaltigsten australischen Forschungsreisen.

Die Erschließung des Hinterlandes

Die Simpsonwüste

1844 bricht Charles Stuart von Adelaide nach Norden auf. Er hoffte, einen großen Binnensee zu finden. Statt dessen erblickte er ein Meer von undurchdringlichem, scharfem Gras, worauf er verzweifelt kehrtmachte.

Burke war mutig, kannte aber das Hinterland überhaupt nicht. Außerdem war er jähzornig, was seine Leute gegen ihn einnahm.

Ins Landesinnere

Charles Sturt glaubte immer noch, daß es einen großen Binnensee gäbe und brach deshalb 1844 von Adelaide nach Norden auf. Die Expedition umfaßte 15 Männer, 11 Pferde, 200 Schafe und 30 Ochsen. Nachdem er Hitze bis zu 55° C ertragen und eine Wüste mit einer 15 cm tiefen Kieselsteinschicht durchquert hatte, erreichte er die Simpsonwüste. Ein einziger Blick auf dieses unendliche Meer von rotem Fels und Sand genügte: er gab auf.

Der Telegraph

Als die Regierung Norden und Süden durch *Telegraphen* verbinden wollte (1859), bot sie dem ersten Menschen, der die Strecke zurücklegte, 2000 Pfund.

Es bildeten sich zwei rivalisierende Expeditionen: die eine wurde von einem Schotten, John Stuart, angeführt, die zweite von einem Iren, Robert Burke.
Stuart stieß weiter nach Norden vor als je ein Europäer vor ihm. Er passierte das heutige Alice Springs und markierte den Mittelpunkt des Kontinents, indem er einen Hügel „Central Mount Sturt" nannte, nach dem „Vater der australischen Forschungsreisen". Später wurde der Berg auf den Entdecker Stuart umgetauft. Er erreichte das Ziel seiner Reise nicht, da er wegen Nahrungsknappheit 500 km von der Nordküste entfernt umdrehen mußte.
Burkes Expedition entwickelte sich inzwischen zur Tragödie. Er halbierte zunächst seine Gruppe; die

zweite Gruppe sollte mit der Verpflegung folgen. Während er an einem Fluß namens Cooper's Creek auf den Rest der zurückgebliebenen Leute wartete, teilte er seine Männer nochmals auf. Einige ließ er zurück, um auf die Nachhut zu warten, mit drei anderen bildete er die Vorhut. Schließlich warf er zwei Männern Langsamkeit vor, hängte sie ab und hetzte mit seinem Stellvertreter William Wills weiter zur Nordküste.

Als die vier nach Cooper's Creek zurückkehrten, lag der Ort verlassen da. Eine Notiz gab Aufschluß darüber, was geschehen war. Die Nachhut mit der Verpflegung war nie angekommen. Verzweifelt hatten die Zurückgelassenen von Cooper's Creek aus den Rückzug nach Hause angetreten, und dies bloß ein paar Stunden vor Burkes Rückkehr. Aus irgendwelchen Gründen kam Burke zu dem Schluß, daß er die anderen nie einholen könnte und schlug eine ganz andere Richtung ein. Unglaublich, aber wahr: beide Gruppen kehrten nach Cooper's Creek zurück, verpaßten sich aber. Alle bis auf einen starben in der Wüste. Der Überlebende, John King, wurde drei Monate später als wandelndes Skelett aufgefunden; er hatte sich mit Hilfe von neugierigen Eingeborenen über Wasser gehalten.

Die Expeditionen von Burke und Wills benutzten als erste Kamele in diesem Land. Einige der Tiere entkamen, und bis heute trifft man im Hinterland auf deren Nachkommen.

Cooper's Creek war der Treffpunkt für die Expedition von Burke und Wills, die die erste Durchquerung Australiens in Angriff nahm. Hier in der Nähe starben die meisten als Opfer der Wüste.
Frühe Forschungsreisende wie Burke und Wills führten Kamele in Australien ein, weil sie den Wüstenverhältnissen besser angepaßt sind als Pferde. Heute sind sie im Hinterland ein alltäglicher Anblick. Die hier abgebildete Wüste heißt Strzelecki-Wüste, ungefähr 16 Tagesmärsche südlich von Cooper's Creek.

10 Das äußerste Ende der Erde

Der Nordpol

Der Nordpol hat von jeher Menschen angelockt, wahrscheinlich weil er dem nördlichen Europa, Amerika und Asien so nah ist.

Wie die ersten Forscher auch waren die Engländer im

Die Karte zeigt die Hauptrouten der Arktisexpeditionen.

Als erster am Nordpol
Der erste Mensch, der den Nordpol erreichte, war der Amerikaner Robert Peary, der 1909, begleitet von Eskimos, auf Hundeschlitten dort ankam.

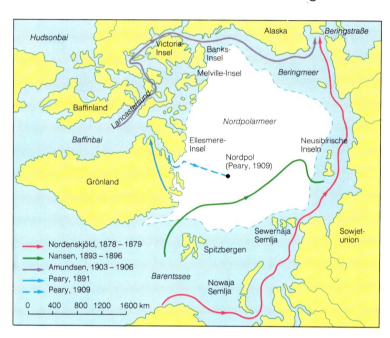

Eine Eskimofamilie. Dieses Volk hat sich den strengen arktischen eintönigen Verhältnissen von Grönland und Nord-Kanada angepaßt.

19. Jahrhundert nach wie vor an der Nordwestpassage interessiert; diesmal wollten sie die Russen daran hindern, die ersten zu sein. 1818 sondierte Fregattenkapitän John Ross den Lancastersund, womit er auf der richtigen Spur nach Westen war. Er machte jedoch kehrt, da er glaubte, daß Berge ein Hindernis bildeten.

Im folgenden Jahr bewies eine andere Expedition, daß keine Berge den Lancastersund blockierten; Edward Parry war diesmal der Leiter. Auf halbem Weg zur Beringstraße machte er auf der Melville-Insel Station, bevor er wegen des Winters, der Temperaturen von −50° C und bis zu 2 m dickes Eis mit sich brachte, festsaß. Im Frühjahr kehrte er nach Hause zurück.

Die Entdeckung des magnetischen Nordpols
1829 führte John Ross eine weitere Expedition an, während deren er den magnetischen Nordpol ent-

Der erste Mensch, der die polare Eisdecke zu Fuß überquerte, war der britische Forscher Wally Herbert, hier auf dem Bild (rechts) mit anderen Pol-Forschern.

Nansen

Eine Route zum Pol wurde in den Jahren 1893 – 1896 von dem Norweger Fridtjof Nansen ausgearbeitet. Dieser ausgezeichnete arktische Forscher erfand einen leichtgewichtigen speziellen Schlitten mit einem ganz besonders geformten Rumpf, der bei einer Blockierung durch Packeis auf die Eisfläche gleiten sollte. Nansen, der die arktischen Strömungen kannte, ließ sein Schiff drei Jahre lang langsam inmitten der Packeisschollen um und auf den Pol zutreiben. Dann erreichte er mit Schlitten und Kajaks einen Punkt, der 386 km vom Pol entfernt war.

deckte. Nach drei Jahren in der Arktis mußte Ross sein Schiff aufgeben. Er und seine Leute überlebten den Winter, indem sie ein Haus bauten und dann glücklicherweise von einem Walfischboot an Bord genommen wurden.

Im Eis eingeschlossen

Der nächste Versuch, die Beringstraße zu erreichen, erfolgte 1845. Der Kommandant war Sir John Franklin. Die Franklin-Expedition war geheimnisumwittert, da sie spurlos verschwand. Es dauerte 14 Jahre, und man unternahm viele Suchaktionen, um herauszufinden, was geschehen war. Aus einer zurückgelassenen Notiz und Berichten von Eskimos konnte man sich die Geschichte zusammenreimen. Franklins Schiffe waren vom Eis eingeschlossen worden. Er und viele andere starben auf dem Schiff an Skorbut und anderen Krankheiten. Nach 18 Monaten hatten die Überlebenden die Schiffe im Stich gelassen. Die Eskimos, die die entstellten Gestalten übers Eis hatten schwanken sehen, berichteten, sie seien bei Gehversuchen tot zusammengebrochen.

Seltsamerweise wurde die Nordostpassage vom nördlichen Schweden über das nördliche Rußland vor der Nordwestpassage befahren – von einem Schweden, Baron Nordenskjöld, in den Jahren 1878 – 1879. Durch die Nordwestpassage steuerte schließlich in den Jahren 1903 – 1906 der Norweger Roald Amundsen.

Fridtjof Nansen war nicht nur ein großer Forscher, sondern auch ein ausgezeichneter Wissenschaftler. Er war zweifacher Professor, Zoologe und Ozeanograph. Seine Reiseberichte illustrierte er selbst.

Das äußerste Ende der Erde

Der Südpol

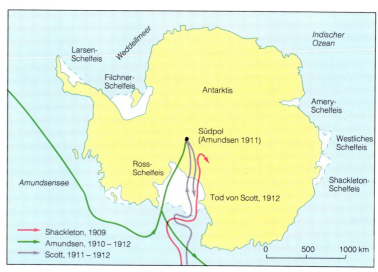

Eine Karte der Hauptrouten auf der Suche nach dem Südpol.

Robert Scott beim Tagebuchschreiben im Camp Evans vor seiner unter einem bösen Omen stehenden Reise zum Südpol.

Der Kontinent am Südpol wird Antarktis genannt; er wurde 1895 zum ersten Mal betreten. Zu Beginn unseres Jahrhunderts schickten mehrere Nationen Expeditionen aus. Eine davon (1901–1904) wurde von dem britischen Marineleutnant Robert Scott angeführt, der zwei Winter auf dem Ross-Schelfeis verbrachte, einer zugefrorenen Bucht, die 650 km in die Antarktis reicht.

Ernest Shackleton

1908 errichtete Ernest Shackleton, der ein Mitglied von Scotts Gruppe gewesen war, an der Küste ein Basislager. Im Frühjahr machten er und drei andere

In der Antarktis im Freien zu zelten, ist ein hartes Unternehmen. Scharfe Winde lassen aufgewirbelten Schnee zu einer Nebelwand werden, und bittere Kälte kann in weniger als einer Minute bei unbedeckten Körperteilen zu Erfrierungen führen.

sich auf den Weg zum Pol, der 1300 km entfernt war. Auf seiner Route entdeckte er einen riesigen Gletscher, den 160 km langen Beardmore-Gletscher, der zu den 3000 m hohen Ebenen im Landesinneren führte. Sie kamen bis auf 160 km heran, doch ihr Proviant wurde knapp, und sie waren gezwungen, umzukehren.

Scott und Amundsen

Die Bühne war jetzt frei für den Wettlauf zum Pol. Zwei sehr verschiedene Männer lieferten sich dieses Rennen: Scott und der Norweger Roald Amundsen. Amundsen wußte genau, welche Überlebenspraktiken die Eskimos hatten; seine Felle wogen nur halb soviel wie Scotts Kleidung. Er war an den Umgang mit Hunden gewöhnt, und wenn nötig, hätte er sie getötet und aufgegessen. Scott dagegen lehnte dies ab. Er nahm 33 Männer, 33 Hunde und 17 Ponies mit. Amundsen hatte 8 Männer und 118 Hunde. Er brauchte sieben Wochen für das Unternehmen. Die Gruppe blieb drei Tage am Pol, ließ ein kleines Zelt zurück und brauchte für die Rückreise gut einen Monat; „Männer und Tiere alle gesund und munter".

Scott war mit Motorschlitten, Ponies und Hunden aufgebrochen, aber die Expedition geriet in Schwierigkeiten. Zum Beispiel waren die Schlitten bald kaputt. Scott und vier Kameraden beschlossen, ihre Vorräte die verbleibenden 286 km zum Pol selbst zu schleppen. Nach einem 18-Tage-Marsch erreichten sie ihr Ziel und fanden dort Amundsens Zelt vor.

Die rauhe Oberfläche des Beardmore-Gletschers bietet eine der besten Inlandsrouten.

Shackletons Stützpunkt-Hütte von seiner Expedition in den Jahren 1907 – 1909.

> **Das bittere Ende**
> Erschöpft und enttäuscht kehrten Scott und seine Männer um und gingen zu ihrem 300 km weit entfernten Basislager zurück. Das Wetter verschlechterte sich. Einer aus der Gruppe, Edgar Evans, starb auf dem Beardmore-Gletscher. Ein anderer, Lawrence Oates, war sich darüber im klaren, daß es nicht genug Nahrung für alle gab, und opferte sein Leben, in der Hoffnung, daß die anderen überleben würden. Er verließ das Zelt und sagte nur: „Ich gehe bloß mal hinaus und bin vielleicht eine Weile weg." Er tauchte nie mehr auf. Die übrigen drei erfroren 12 Tage später. Scotts letzte Gedanken, in seinem Tagebuch festgehalten, galt den Familien: „Kümmert euch um Gottes willen um unsere Angehörigen."

Roald Amundsen hißt die Norwegische Flagge auf dem Südpol.

Das äußerste Ende der Erde

Das letzte unerforschte Gebiet

Ernest Shackleton, dessen Schiff Endurance im Eis der Antarktis neun Monate lang festgehalten wurde.

Wichtig für das Überleben in der bitteren Kälte der Arktis oder Antarktis ist die richtige Bekleidung.

Pudelmütze

wattierter Anorak

wattierte Überhosen

gefütterte Handschuhe

Schneestiefel

Es gab viele andere wagemutige Reisen in der Antarktis zu Beginn dieses Jahrhunderts. Shackleton z.B. kehrte 1915 zurück, um den Kontinent zu durchqueren. Sein Schiff, die „Endurance", wurde vom Eis blockiert und lag neun Monate lang fest. Dann begann das Eis, das Schiff zu zerquetschen. Shackleton befahl seinen 28 Männern, das Schiff aufzugeben und Rettungsboote und Proviant auf das Eis niederzulassen.

Vier Monate lang trieben sie auf dem Eis. Als es aufzubrechen begann, konnten sie die kleinen Boote wassern und auf Elephant Island landen. Immer noch waren sie ca. 1300 km von ihrer Basis entfernt. Shackleton führte eine kleine Gruppe zum Lager, und allmählich konnten alle Männer nachgeholt werden.

Kartieren und Photographieren

Das Zeitalter des Fliegens nahm der Antarktis-Forschung das Heroische und ließ sie etwas wissenschaftlicher werden. Rivalisierende Nationen erhoben Ansprüche auf verschiedene Teile der Antarktis und unterstützten riesige Forschungsexpeditionen. In den

Jahren 1946 – 1947 sandte die USA 5000 Männer in 13 Schiffen aus, um 900 000 km² zu vermessen und über die Hälfte der 4500 km langen Küste zu photographieren. 1957 durchquerte eine britische Expedition unter Führung von Sir Vivian Fuchs den Kontinent mit gewaltigen Schneefräsen. Das Ergebnis dieser Forschungen war eine allgemeine Erweiterung unserer Kenntnisse über die Antarktis. Man wußte nun z. B., daß das durchschnittlich 2,5 km dicke Eis soviel Wasser faßt wie der Atlantik.

Der Vertrag der 12 Nationen
Am Ende der 50er Jahre hatten 12 Nationen Anspruch auf Land erhoben. In der Vergangenheit wurden wegen solcher Ansprüche Kriege geführt. Aber die Forschung war so erfolgreich, daß alle 12 Nationen einen Vertrag unterzeichneten, in dem sie versprachen, in den nächsten 30 Jahren die Antarktis nur für friedliche Zwecke zu nutzen (bis 1989). Die Chancen sind groß, daß die Erforschung weiterhin friedlich verläuft.

Die moderne Antarktis-Forschung wird durch die Benutzung von Eisbrechern wie diesem sicherer und einfacher.

Das äußerste Ende der Erde

Zu neuen Ufern

Die große Zeit der Erforschung der Erde ist natürlich vorüber. Jetzt, da die ganze Erde von *Satelliten* photographiert werden kann, braucht der Mensch sich nicht mehr durch Wüsten zu quälen oder einen Weg durch den Dschungel zu bahnen, nur um herauszufinden, wie es dort aussieht. Viele gefährliche Stellen können mit Maschinen erforscht werden. Eine *Tiefseesonde* hat sogar die tiefste Stelle des Ozeans, den Marianen-Graben im Pazifik, in einer Tiefe von 11 km erforscht.

Neue Herausforderungen

Noch gibt es für Forscher ein paar Herausforderungen. So befindet sich z.B. in Frankreich eine 1120 m tiefe Höhle und eine andere in der Schweiz, die 60 km lang ist. Es gibt immer noch unzählige Höhlen zu erforschen, und dabei kann noch eine Menge gelernt werden. Höhlenforscher brauchen den ganzen Mut und noch mehr Fachwissen als alle frühen Forscher zusammengenommen. Die Unterwasser-Höhlenforschung ist eine der gefährlichsten Betätigungen.

Entdeckungen kann man auch noch in den Regenwäldern der Erde machen. Im Amazonasgebiet gibt

Die Tiefen der Ozeane sind noch weitgehend unbekannt. Dieses Unterseeboot ist so konstruiert, daß es dem starken Wasserdruck standhält, wenn man mit ihm den Meeresboden erforscht.

Die Erforschung des Weltraums ist die nächste große Herausforderung für die Menschheit. Hier sehen wir, wie ein Künstler sich die Besiedlung des Mondes und die Untersuchung seiner Oberfläche vorstellt. Andere, weiter entfernte Planeten gilt es noch zu erkunden.

es immer noch Stämme, die der Welt draußen kaum bekannt sind. Immer noch gibt es Pflanzen mit unbekannten chemischen Eigenschaften, von denen viele dem Menschen nützlich sein könnten. Und es gibt nicht verzeichnete Tierarten, die ein lebendiges Zeugnis von der Artenvielfalt auf der Erde ablegen.

Die Erforschung des Weltraums
Der Weltraum wird oft als letztes unerforschtes Gebiet bezeichnet. Das wird immer so bleiben, denn es ist ein Gebiet ohne Ende. Aber es stellt für Forscher eine ganz andere Herausforderung dar. Die Astronauten wissen, wohin sie gehen, und ihre Reisen werden sorgfältig geplant. Fehler sind äußerst kostspielig, denn die Astronauten befinden sich in einer sehr feindseligen Umgebung, und Tausende von Menschen haben sie mit großem finanziellem Aufwand unterstützt. Vor hundert Jahren litten beim Tod eines Forschers nur seine Familie und seine Freunde. Heute sind die Augen der ganzen Welt auf die Menschen gerichtet, die den Weltraum erforschen. Wir sind uns der Gefahren, mit denen sie konfrontiert werden, alle bewußt.

Christian Bonington benutzt einen Computer für seine Notizen. Der bedeutende britische Bergsteiger hat viele Expeditionen im Himalaja und anderen Gebirgen angeführt.

Dieser Mann klettert in einer Höhle in den Pyrenäen. Dies ist ein gefährlicher Sport.

Worterklärungen

Äquator Imaginärer Kreis um die Erde, der in der Mitte zwischen Nord- und Südpol liegt.

Amazonas-Becken Gebiet, das vom Amazonas und seinen ganzen kleineren Nebenflüssen entwässert wird.

Amazonen Ein kriegerisches Frauenvolk in der griechischen Mythologie.

Arten Eine Pflanzen- oder Tiergruppe, deren Mitglieder sich ähneln und die sich gemeinsam fortpflanzen.

Botaniker Wissenschaftler, der sich mit Pflanzen beschäftigt.

Dolmetscher Jemand, der eine fremde Sprache in Wort und Schrift beherrscht und dies beruflich anderen zu Nutzen kommen läßt.

Dschunke Flaches, chinesisches Segelschiff (Prahm).

Eiszeit Eine Periode der Erdgeschichte, in der grimmige Kälte herrschte und in der Gletscher verbreitet waren.

Expedition Eine Reise, die normalerweise gut organisiert ist und einen bestimmten Zweck verfolgt (z. B. einen militärischen oder wissenschaftlichen).

Feldzug Militärisches Unternehmen, bei dem ein General und seine Armee in andere Länder vordringen, um diese zu erobern.

Galeone Großes Segelschiff im 16. Jahrhundert, das von den Spaniern benutzt wurde.

Geograph Jemand, der sich mit Geographie oder der Wissenschaft von der Erde beschäftigt (deren Oberfläche, den naturwissenschaftlichen Gegebenheiten, den Erzeugnissen und Bevölkerungsstrukturen).

Geographische Länge Östliche oder westliche Standortbezeichnung. Längengrade sind imaginäre Linien, die rund um die Erde vom Nordpol zum Südpol gehen.

Großer Chan So lautete der Titel der mittelalterlichen Herrscher Zentralasiens.

Großes Barrierriff Ein Riff ist ein Fels- oder Sandrücken oder eine Korallenbank direkt unter der Wasseroberfläche. Das Große Barrierriff ist der Ostküste Australiens vorgelagert, 2000 km lang und eine Korallenbank.

Häute Tierhäute wurden von den Menschen oft zum Schutz oder als Kleidungsstücke benutzt.

Humidität Wasserdampfmenge der Luft. Große Mengen davon führen zu Feuchtigkeit und ungünstigen Verhältnissen.

Inuit Mitglied der einheimischen Bevölkerung von Kanada und Grönland, früher als Eskimo bezeichnet.

Jesuit Mitglied eines römisch-katholischen Ordens mit der Bezeichnung „Gesellschaft Jesu".

Jurte Große Zeltart, die von Nomaden benutzt wurde.

Kajak Kanu, das von den Inuits (Eskimos) Nordamerikas und Grönlands als erste benutzt wurden.

Kaufleute Personen, die ihren Unterhalt durch Handeltreiben verdienen.

Kompaß Instrument mit einer sich bewegenden Magnetnadel, die immer zum magnetischen Norden zeigt. Es wird zur Orientierung gebraucht.

Korbboot Schmales, längliches Ruderboot, das von Iren benutzt wurde. Über einen hölzernen Rahmen wird ein Flechtwerk von Häuten oder geteertem Segeltuch gespannt.

Kosaken Volk, das ursprünglich aus dem südöstlichen Rußland stammte und für seine großartige Reitkunst und Kavallerie berühmt war.

Malaria Schwere, mit Fieber verbundene Krankheit. Sie wird von der weiblichen Moskitofliege übertragen. Durch Moskitostiche kann man sich anstecken.

Mekka Stadt in Saudi-Arabien, in der Mohammed, der Prophet des Islam, geboren wurde. Es ist die heilige Stadt und das Pilgerzentrum für die Moslems.

Meuterei Aufstand gegen die Herrschenden. Das Wort wird meistens in Zusammenhang mit einem militärischen Aufstand gebraucht.

Missionar Jemand, der aktiv versucht, Menschen zur Annahme seines eigenen Glaubens zu bewegen.

Moslem Anhänger des Islam, der vom Propheten Mohammed gegründet wurde.

Myrrhe Pflanzenharz, das in Parfüm und Weihrauch enthalten ist.

Navigation Kurs- und Standortbestimmung, um ein Schiff in der richtigen Richtung zu steuern, unter Zuhilfenahme von Sternen und speziellen Instrumenten.

Pilger Jemand, der an heilige Stätten reist, um dort zu beten.

Satellit Etwas, das um einen größeren Gegenstand rotiert. Es kann sich um etwas Natürliches handeln (wie der Mond, der um die Erde kreist) oder um einen von Menschen hergestellten Gegenstand.

Seide Feines Garn, das von der Seidenraupe stammt. Es wird zur Herstellung von schönen, teuren Stoffen benötigt.

Shoshoni Nordamerikanischer Indianerstamm.

Skorbut Krankheit, die durch Mangel an Vitamin C verursacht wird, das in frischen Früchten und frischem Gemüse enthalten ist. Menschen, die früher lange Seereisen machten, waren sehr anfällig für diese Krankheit, da diese Lebensmittel in ihrer Nahrung fehlten.

Sträfling Jemand, der ein Verbrechen begangen hat und dafür bestraft worden ist oder noch bestraft wird; ein Krimineller.

Telegraph Eine Methode, Botschaften zu übermitteln mit Hilfe von elektrischen Signalen, die durch Drähte übertragen werden.

Tiefseesonde Unterwassergerät, das in große Tiefen versenkt werden kann. Wissenschaftler und Marinebiologen benutzen es, um die Welt der Ozeane zu erforschen.

Totschlag Unrechtmäßige, aber unbeabsichtigte Tötung eines anderen Menschen, z.B. durch Fahrlässigkeit im Straßenverkehr.

Tropen Zwei imaginäre Linien rund um den Globus, von Osten nach Westen. Nördlich des Äquators befindet sich der Wendekreis des Krebses, südlich davon der Wendekreis des Steinbocks.

Vogel Ruch oder Rock Ein ungeheuer großer Vogel, der in Legenden erwähnt wird, den es aber heute nicht mehr gibt.

Weihrauch Eine harzähnliche, von Bäumen stammende Substanz, die wunderbar duftet.

Zivilisation Volk oder eine Gruppe von Völkern, die in ihrer Entwicklung ein Stadium erreicht haben, das über das bloße Überleben hinausgeht und sie befähigt, ihre Energien der Musik, der Dichtkunst, der Malerei und philosophischen Debatten zu widmen.

Zoologie Beschäftigung mit der Tierwelt.

Stichwort-verzeichnis

Abel Tasman, Reiserouten *20*
Aborigines 5 48
Abu Simbel 35
Afrika 42
– Karte *14*
Aimé Bonpland 38 *39*
Alaska 30
Albert d'Orville, Missionar 32
Albertsee 45
Alexander der Große, König *8*
– Route *8*
Alexander Laing 42
Alexander MacKenzie 27 28
Alexander von Humboldt 38 *39*
Alfred Wallace 40
Alice Springs 50
Amazonas 36 37
– erste Landkarten 41
Amazonas-Becken 38
– Karte *40*
Amazonasgebiet 40
Amazonen 37
Amerige oder America 17
Amerigo Vespucci 17
Amerika 11
Antarktis 21 23 *54* 56 57
– Bekleidung *56*
Antarktis-Forschung 56
Äquator 14
Araber 12
Arktisexpeditionen, Karte *52*
Astrolabium *16*
Äthiopien 14
Australasien 20

Australia, das Land des Südens 20
Australien 20 *21*
– Karte, Reiserouten *48*

Bahamas 17
Baffin-Insel 24
Bartolomëu Diaz 14 15
Beardmore-Gletscher *55*
Benedict de Goes 32
Beringstraße 53
Bertram Thomas 35
Bison-Zeichnungen *5*
Blaue Berge *49*
Botany Bay 22
Bougainville, Graf, Forscher 21
– Reiseroute *20*

Cabot, John 24
Cabot, Sebastian 24
Candido Rondon 40
Casiquiare-Kanal 38
Cathay 24
Central Mount Sturt 50
Charles Marie de la Condamine 38
Charles Sturt 48 *50*
Chimborazo, Ekuador *38 39*
China 24
Christian Bonington *59*
Christoph Kolumbus 16
– Schiff „Santa Maria" *16*
Cooper's Creek *51*
Costa Rica 17

Daniel Boone 28
Darling, Fluß 48 *49*
„Das leere Viertel" Südarabiens 35
David Livingstone, Reiserouten *46*
del Cano *18*
– Reiseroute *18*

Dixon Denham 43
Dominikanische Republik 17

Edgar Evans 55
Edward Eyre *49*
Edward Parry 52
Edward Whymper 39
Eisbären 25
Eisbrecher *57*
El Dorado, Häuptling 36
Erik der Rote 10
Ernest Shackleton 54 *56*
– Schiff „Endurance" *56*
Eskimos 25 53 55
Eskimofamilie *52*
Etienne Brulé 26

Fa-hien, Buddhistenmönch 9
Ferdinand Magellan *18*
– Reiseroute *18*
Ferdinand und Isabella, spanisches Königspaar 16
Forscher 9
Forschungsmotive 4 5
Francisco de Orellana 37
Francisco Pizarro 36
Franklin-Expedition 53
Fridtjof Nansen 53

George Everest, Kartograph 33
geographische Länge 23
Giovanni del Carpini, Mönch 12
Gonzalo Pizarro 36 37
Grönland 11
Große Mauer, China *13*
Großer Chan Khubilai 13
Großes Barrierriff 22
Guatavita-See, Kolumbien 37

Haiti 17
Hamilton Rice 40
Hanno 7
Harrison 23
Harry St. John Philby 35
Hawaii 23
Heinrich der Seefahrer 14
Henry Bates 40
Henry Hudson 24 25
Henry Morton Stanley 47
– Reiserouten 46
Hippalus, Händler 9
Hispaniola, Insel 17
Höhle(n) 5 58 59
Höhlenforscher 58
Höhlenmalereien 4
Hugh Clapperton 43
Humboldt-Strom 39

Ibn Battuta, Forschungsreisender 12 42
Indianer 5 17 26 27
Inuits 24
Ippolito Desideri 33
Island 10

Jacques Cartier 26
– Expedition 27
James Cook, Kapitän 22 23
– Schiff „Endeavour" 23
James Grant 45
Jeanne Baré, Botanikerin 21
Jermak Timofejew 30
Johann II., König 14
Johann Burckhardt 35
Johannes Grüber, Missionar 32
John Davis 24
John Hanning Speke 44 45
John King 51
John Ross 52 53
John Stuart 50
Joseph Pitts 34

Kamele 51
Kanada, nördliches 25 26
– Expeditionsrouten 26
Kap der Guten Hoffnung 15
Kap der Stürme 15
Kap Hoorn 19 20
Karthago 6
Kilwa, Insel 15
Kinsai, Stadt (heute Hangtschou) 13
Kolonie(n) 7 8 11
Kompaß 16
Korbboot 11

Lancastersund 52
Lascaux 5
Lawrence Oates 55
Leif der Glückliche 11
Lhasa 31 32
– Potola 32
Lhotse 33
Livingstone 47
Log 16
Louisiana 27
Ludovico di Varthema 34
Luiz de Torres 20

Magellanstraße 18 19
Marco Polo 12 13
– Reiseroute 13
Marianen-Graben 58
Martin Waldseemüller, Geograph 17
Matteo Polo 12
Meriwether Lewis 28
Mekka 34
Mississippi 27 29
Molukken 19
Mondberge 44 47
Mount Everest 33
– Erstbesteigung des 32
Mount Royal (Montreal) 26
Mündung des Niger 42
Mungo Park 42 43
Murchison-Wasserfälle 45

Necho, Pharao 7
Neufundland 11
Neuguinea 22
Neuseeland 20
Neuseeland-Maori 5
Ngamisee 46
Nicolo Polo 12
Niger 43
Nikolai Przewalski 31
Nilursprung 9 45 47
– Karte 44
Njassasee 47
Nordenkjöld, Baron 53
Nordostpassage 53
Nordpol 52
Nordwestpassage 23 24 25 53
Nuptse 33

Odysseus 7
Oktant 16
Ozeane 58

Pandits 33
Pedro da Covilhao 14
Percy Fawcett, Amazonasforscher 41
Peter der Große, russischer Zar 30
Philippinen 19
Phönizier 6
Pike's Peak 29
Planwagen-Karawane 29
Przewalski-Pferd 31
Ptolemäus, Geograph 44
Punt 7
Pytheas, Geograph 9

Quebrabasafälle 46

Regenwälder 58
René Caillié 42
Richard Burton 35 44
Richard und John Lander 42

63

Roald Amundsen 53 *55*
Robert Burke *50* 51
Robert de la Salle 27
Robert Scott *54* 55
Rocky Mountains 29
Rub al Chali, Wüste 35
Ruch (oder Rock), Vogel 12 *13*

Samuel Baker 45
Samuel de Champlain 26
Satelliten 58
Seefahrer, Orientierung der 7
Seidenstraße 8 *9*
Shackleton *55*
Simpsonwüste 50
Sir Edmund Hillary 33
Sir Francis Drake 19
Sir John Franklin 53
Sir Joseph Banks 42
Sir Martin Frobisher *24*
Sir Vivian Fuchs 57
St. Brendan, Missionar und Forscher 11
Steinzeitmenschen *4*
St.-Lorenz-Strom 26 *27*
Strzelecki-Wüste *51*
Südamerika, Karte von *18*
– Pflanzen- und Tierwelt *39*
Sudan 9

Sudd 9
Südpol 54
– Karte *54*
Sven Hedin, schwedischer Forscher 33

Tasmanien 20
– Ureinwohner *21*
T. E. Lawrence 35
Terra Australis, „Land des Südens" *21*
Thule 9
Tiefseesonde 58
Tienschan-Gebirge *31*
Tier- und Pflanzenarten 40
Timbuktu 42 *43*
Tim Severin, Forscher 11
Totenmaske, Peru *37*
Trapper *28 29*
– lebensnotwendige Kleidung *28*
Troja 7
Tschadsee 43
Tschang K'ien 9

Uhr für die Navigation 23
Unterwasser-Höhlenforschung 58

Vasco da Gama 15
Venezuela 17
Victoriasee 44

Vinland *10* 11
Vitus Bering 30
Völkerwanderungsbewegung *4*

Walter Oudney 43
Weltraum 59
– Erforschung des *58*
Westindische Insel *17*
Wikinger *10* 11
Wilfried Thesiger 35
Wilhelm von Rubruck, Mönch 12
Willem Jantszoon 20
William Clark 28
William Wills 51
Wylie, australischer Ureinwohner *49*

Zebulon Pike, Leutnant, Forscher 29

Kursive Seitenzahlen bedeuten, daß der Gegenstand des Stichworts auf dieser Seite abgebildet ist.

Rückgabetermin